नया साहित्य : नया साहित्यशास्त्र

नया साहित्य
नया साहित्यशास्त्र

राधावल्लभ त्रिपाठी

राजकमल प्रकाशन

ISBN : 978-81-267-1463-6

मूल्य : ₹395

पहला संस्करण : 2012
दूसरा संस्करण : 2019

प्रकाशक : राजकमल प्रकाशन प्रा. लि.
1-बी, नेताजी सुभाष मार्ग, दरियागंज
नई दिल्ली-110 002

शाखाएँ : अशोक राजपथ, साइंस कॉलेज के सामने, पटना-800 006
पहली मंजिल, दरबारी बिल्डिंग, महात्मा गांधी मार्ग, इलाहाबाद-211 001
36 ए, शेक्सपियर सरणी, कोलकाता-700 017

वेबसाइट : www.rajkamalprakashan.com
ई-मेल : info@rajkamalprakashan.com

मुद्रक : बी.के. ऑफसेट
नवीन शाहदरा, दिल्ली-110 032

NAYA SAHITYA : NAYA SAHITYA SHASTRA
by Radhavallabh Tripathi

प्राक्कथन

अलंकार भारतीय काव्यचिन्तन का सर्वप्राचीन सिद्धान्त है। इसकी सम्भावनाएँ कुछ सहस्र वर्ष की हमारी साहित्य परम्परा में निरन्तर नएपन के साथ बढ़ती रही हैं। अलंकार का और उससे जुड़े साहित्य सिद्धान्त का अर्थ कोरी ऊपरी सजावट कभी नहीं रहा। भूषण, वारण (निषेध) और पर्याप्ति (सम्पूर्णता)–ये तीन अर्थ 'अलम्' के कोशकारों ने निरूपित किए हैं। कविता में अलंकार की प्रक्रिया भूषण, वारण और पर्याप्ति के तीन सोपानों का आरोहण कर के ही पूरी होती है। इन तीनों सोपानों पर आरोहण से अलंकार का तत्त्व कविता के आधिभौतिक, आधिदैविक तथा आध्यात्मिक इन तीनों विश्वों को समाहित करता है। साहित्य में ये तीन विश्व क्रमशः अभिधा, लक्षणा और व्यंजना इन तीन शब्दवृत्तियों से उन्मीलित होते हैं, और कर्म, भक्ति और ज्ञान की तीन जीवन-शैलियाँ इनमें अनुस्यूत हैं। अलंकार की सैद्धान्तिक स्तर पर इस आधारभूमि को मैंने संस्कृत में विरचित अपनी कृति *अभिनवकाव्यालङ्कारसूत्रम्* में प्रस्तुत किया है, जो सम्पूर्णानन्द संस्कृत विश्वविद्यालय, वाराणसी से प्रकाशित है।

प्रस्तुत पुस्तक अलंकार की व्यावहारिक परिणतियों और अलंकारविमर्श की व्यापक अर्थवत्ता को आज के साहित्य के सन्दर्भ में समझने का यत्न है। भारतीय काव्यचिन्तन की परम्परा में अलंकार के तत्त्व की कहीं-कहीं नवीन व्याख्या भी इसमें हो सकी है तथा साहित्य के अध्ययन के लिए संरचनावादी काव्यशास्त्र की एक भूमिका इसमें प्रस्तावित हुई है। अलंकारशास्त्र पर पिछले चार दशकों में मेरे द्वारा अपनी स्वल्प मति से किए गए स्वाध्याय और विमर्श की कतिपय निष्पत्तियाँ इसमें समाहित हैं। कदाचित् आगे इसमें कुछ और सार्थक हो सके।

इस पुस्तक के अनेक अध्याय श्री पूनम दइया के आग्रह पर उनके द्वारा सम्पादित *मधुमती* पत्रिका के लिए लिखे गए थे। अन्तिम अध्याय श्री पीयूष दइया के अनुरोध पर लिखा गया और उनके *पुरोवाक्* में छपा। इन दोनों बन्धुजनों के कारण यह काम हो सका, मैं इनका कृतज्ञ हूँ। *मधुमती* में इन लेखों के धारावाहिक प्रकाशन के दौर में ही डॉ. नामवरसिंह जी ने इन्हें पुस्तक का आकार देने के लिए एकाधिक बार आदेश और संदेश दिया था। वह न दिया गया होता, तो यह पुस्तक न बनती, न छपती।

पश्चिम में सस्यूर, सूसन लैंगर, चॉम्स्की आदि के प्रतिपादन तथा उत्तर-आधुनिकतावाद के संरभ के सन्दर्भ में संस्कृत के आचार्यों द्वारा सुनिर्मित अलंकारतत्त्व की महती पीठिका पुनः उजागर करना आज जरूरी हो गया है। मेरा विश्वास है कि इससे साहित्य पुनः प्रतिष्ठा प्राप्त कर सकेगा। इस विश्वास के साथ मैं यह पुस्तक साहित्य के सभी अनुरागियों को अर्पित करता हूँ।

–राधावल्लभ त्रिपाठी

अनुक्रम

कविता में विरोध और विरोध की कविता 9
टूटना पुनः तर्क का 15
कविता में निषेध और निषेध की कविता 22
विषादन अलंकार के बहाने कविता की संरचना पर पुनः एक चर्चा 31
भयानक खबर की कविता 39
व्यंग्य, विरोध, मोहभंग और वेदना एक मंच पर 46
लम्बी कविता का एक अलंकार 56
उपमा अर्थात् कविता में लोक और लोकोत्तर का होना 64
कविता में सपनों और सम्भावनाओं की आहट 74
बदलाव की कविता 82
कविता का जनतन्त्र 90
कविता में प्रतिबिम्ब का हिलना अथवा अन्यच्छाया का काव्यशास्त्र 99
परभावकरण अर्थात् कविता में उतरना जड़भरत का 110
दीपक दीप्ति तथा विमर्श 119
अवज्ञा, तिरस्कार और अस्वीकार की कविता 129

कविता में विरोध और विरोध की कविता

भवभूति के उत्तररामचरित में सीता-निर्वासन को लेकर दो स्त्री पात्रों की बातचीत है। वासन्ती यह जानकर हक्की-बक्की रह जाती है कि राम ने सीता को निर्वासित कर दिया। फिर आत्रेयी उसे बताती है कि राम ने दूसरा विवाह नहीं किया, यहाँ तक कि अश्वमेध यज्ञ में पत्नी की आवश्यकता हुई, तो सीता की सोने के प्रतिमा बनवाकर पत्नी के स्थान पर रखवा ली। वासन्ती राम का यह हाल सुनकर और भी चकित होती है और कहती है–

वज्रादपि कठोराणि मृदूनि कुसुमादपि।
लोकोत्तराणां चेतांसि को नु विज्ञातुमर्हति ॥

(असाधारण लोग के मन की थाह कौन ले सकता है, वे वज्र से भी अधिक कठोर हो सकते हैं, और फूल से भी कोमल हो सकते हैं।)

कठोर और कोमल परस्पर विरुद्ध हैं। जो वज्र से भी अधिक कठोर है, वह फूल से अधिक कोमल कैसे हो सकता है? मम्मट आदि की परिभाषा के अनुसार यहाँ विरोध अलंकार है, क्योंकि लोकोत्तर चित्त (जाति) में परस्पर विरोधी गुणों–कठोरता और कोमलता की समवेत उपस्थिति बताई गई है।

ऋग्वेद के कितव सूक्त में जुआरी की व्यथाकथा है। जुआरी बार-बार तय करता है कि अब पासों से नहीं खेलेगा, और उसके पाँव फिर भी जुआघर की तरफ बढ़ जाते हैं। उसे लगता है कि पासे नीचे फेंके जाते हैं, पर वे उछलकर मन पर चढ़ बैठते हैं, वे निहत्थे हैं, पर हाथवालों को काबू में कर लेते हैं। वे चमकीले अंगारे हैं, जो शीतल होकर भी हृदय को जला डालते हैं–

नीचा वर्तन्ते उपरि स्फुरन्ति अहस्तासो हस्तवन्तं सहन्ते।
दिव्या अङ्गारा इरिणे निउप्ता शीताः सन्तो हृदयं निर्दहन्ति ॥

जो नीचे है, वह ऊपर चढ़ बैठा है; जो निहत्था है वह हाथवालों पर भारी है, जो शीतल है वह जला रहा है–इस प्रकार के कथनों में विरोध है। काव्यशास्त्र की दृष्टि से कितव सूक्त विरोध अलंकार का अच्छा उदारहण है।

कुछ आचार्य विरोध अलंकार का नाम विरोधाभास रखने के पक्ष में हैं, क्योंकि

इसमें सचमुच में विरोध बताया नहीं जाता, विरोध का आभास या प्रतीति होती है, और उस प्रतीयमान विरोध का कुछ समाधान देकर विरोध को निपटाया भी जा सकता है। मम्मट ने अलंकार का नाम तो विरोध ही रखा है, पर लक्षण दिया है–"विरोध वह है, जिसमें विरोध न होते हुए भी विरुद्ध रूप में प्रतिपादन किया जाए।" (काव्यप्रकाश-10, सूत्र-16)। यह लक्षण विचारणीय है। इसका आशय यह भी लिया जा सकता है, और लिया जाना चाहिए, कि संसार में लोग जहाँ विरोध न जानते और मानते हों, वहाँ कवि अपनी प्रतिभा से दो चीजों में छिपे विरोध को पहचान लेता है और उसे स्थापित कर देता है। यह लगभग उपमा के उस लक्षण की तरह है, जो वैदिक ऋषि गार्ग्य से लगाकर काव्यशास्त्र की परम्परा में स्वीकृत किया जाता रहा है, उपमा उन दो वस्तुओं की समानता स्थापित कर देने में होती है, जिनकी समानता को साधारणतः संसार में लोग जानते ही नहीं। अपने लक्षण को स्पष्ट करते हुए मम्मट कहते हैं कि वस्तुवृत्त या निपट भौतिक वास्तविकता के स्तर पर तो दो वस्तुएँ अविरोधी ही रहती हैं, पर कवि उन्हें विरोधी सी दिखा देता है–(वस्तुवृत्तेनाविरोधेऽपि विरुद्धत्वेन यदभिधानम्)। फिर भी कवि का सत्य तो यहाँ विरोध की स्थापना में ही हुआ। लोक के स्वीकृत सत्य से वह उल्टा हो सकता है। विरोध या विरोधाभास इस तरह दो परस्पर विपरीत अलंकार हो जाते हैं। एक में हकीकत में विरोध रहता नहीं है, कवि वहाँ विरोध झलका देता है। कवि और पाठक दोनों जानते हैं कि सचमुच में विरोध नहीं है। इसके विपरीत एक विरोध अलंकार वह है जिसमें विरोध की वास्तविकता स्थापित होती है–वह भी वहाँ जहाँ लोग मानने को तैयार न हों कि इसमें विरोध कहाँ और कैसे हो सकता है?

संसार जाति, गुण, क्रिया और यदृच्छा–(स्वेच्छा से दिए गए नाम–व्यक्तिवाचक संज्ञाएँ)–इन चार पदार्थों से बना है। इसके आधार पर मम्मट ने जाति का जाति, गुण, क्रिया और यदृच्छा से (4 भेद), गुण का जाति के अलावा तीन से (तीन भेद), क्रिया का शेष बचे दो से (दो भेद) और यदृच्छा का यदृच्छा से (एक भेद) इस तरह कुल दस भेद विरोध अलंकार के बताए हैं। इन दस भेदों में जाहिर है कि सारा संसार समा गया है। ऐसा तो कुछ बचा ही नहीं जिसका दूसरे से कवि विरोध न बता सके।

विरोध के लिए अंग्रेजी में सबसे निकट का शब्द है–'पेराडॉक्स'। साहित्यशास्त्र में विरोध अलंकार में जो परस्पर विरुद्ध लगनेवाली बात या उलटबाँसी कही जाती है, उसका कुछ-न-कुछ समाधान सम्भव है। इसलिए विरोध अलंकार के लिए संस्कृत काव्यशास्त्र के ग्रन्थों का अनुवाद करनेवाले विद्वानों में

'पैराडॉक्स' शब्द नहीं, 'कांट्रेडिक्शन' शब्द रखा है। पैराडॉक्स को कई बार सुलझाना असम्भव हो जाता है, जबकि प्रचलित धारणा के अनुसार विरोध अलंकार में विरोध अन्ततः सुलट ही जाता है।

दरअसल कविता में स्थापित किए गए विरोध का समाधान निकल नहीं पाता है। भवभूति के एक ही पदार्थ को वज्र से अधिक कठोर और कुसुम से अधिक कोमल बताने में जो विरोध है उसका क्या समाधान है? कवि के शब्दों में ही लोकोत्तरता उसका समाधान माना जा सकता है। स्वयं वासन्ती ने राम को लोकोत्तर बताकर सराहना के भाव से उनके चरित के सारे अन्तर्विरोध का समाधान बता दिया था। पर राम सामने आए, तो वह सारा समाधान भूल गई। उलटे उनसे झगड़ पड़ी। यह कहकर उसने नए सिरे से राम के सारे अन्तर्विरोध का खाता खोल दिया कि–"आपको तो केवल अपना यश प्यारा था, पर आपने यह न सोचा कि अपनी स्त्री को वन में अकेली निर्वासित कर देने से बढ़कर अपयश क्या होगा?" राम को लोकोत्तर महापुरुष कहकर उनकी सराहना करनेवाली वासन्ती थोड़ी देर बाद ही सीता को लेकर राम के सारे आचरण को अन्तर्विरोधग्रस्त बता देती है। इसे राम का अन्तर्विरोध कहा जाए या स्वयं वासन्ती का भी?

वासन्ती राम पर ढेर सारे अभियोग लगाकर बहुत भावुक होकर उनसे झगड़ पड़ती है–उसके सारे कथनों और आचरण पर मम्मट का विरोध अलंकार का लक्षण सत्यापित किया जा सकता है। लौकिक दृष्टि से वासन्ती का राम से न वैर था, न झगड़ा। वह तो उनकी स्नेह पात्र थी और सीता की प्रिय सखी थी। वह सारा झगड़ा प्रेम के कारण है। पर यह झगड़ा क्या अवास्तविक है? वह तो भवभूति के उत्तररामचरित की सबसे बड़ी वास्तविकता है।

मनुष्य के चरित्र के अन्तर्विरोधों का कोई अन्त नहीं है। यहाँ एक साथ कठोरता और कोमलता सम्भव है। उसका समाधान मनुष्य चरित्र को अपार सम्भावनाओं से भरा मानकर दिया जा सकता है। पर कोई एकदम साधारण या सामान्य वस्तु ऐसी मिल जाए, जिसमें कठोरता और कोमलता एकत्र हो, तो क्या समाधान होगा? संस्कृत में दसवीं शताब्दी में रत्नाकार कवि हुए, जिन्होंने पचास सर्गों में 'हरविजय' नाम का विशाल महाकाव्य लिखा। विदग्धता और वक्रोक्ति तथा कल्पना की विच्छित्ति प्रकट करने में रत्नाकर की कविता बेजोड़ है। कमलिनी सूर्य की प्रखर किरणों में तो विकसित रहती है और चन्द्रमा की किरण के छूने पर मुरझाने लगती है–इस पर उनका कहना है–

स्पृष्टा न या दिनकरांशुभिरह्नि वह्नि
गर्भैरपि क्वचन म्म्लमुरम्बुजिन्यः।

मम्लुस्तरां शशिकरैरपि ताः सुधार्द्रै-
रक्षुण्णवामचरिता बत पद्मनेत्राः॥ (20 । 70)

सूर्य की धूप गर्मी में आग उगल रही है। कोमल कमललता उसमें खिली हुई है। वही साँझ होने पर चन्द्रमा की किरण के छूते ही मुरझाने लगती हैं यह एक पैराडॉक्स ही है। रत्नाकार इसे सुलझाते हुए कहते हैं कि कमलनयनाएँ (सुन्दर स्त्रियाँ, कमलिनियाँ) होती ही ऐसी हैं। वे सदैव वाम या उलटे चरितवाली होती हैं। कविता की भाषा में विरोधोक्ति का समाधान हो गया, पर अन्ततः यह समाधान नहीं हुआ, क्योंकि सवाल बना रहता है कि कमलनयनाएँ ऐसी क्यों होती हैं। कमल का कोमल फूल झुलसाती गर्मी में खिला रहता है–इस बात में परस्पर विरोध है, पर इस पर हमारा ध्यान नहीं जाता। जीवन में ऐसी अगणित परस्पर विरोधी बातें निरन्तर घटती रहती हैं। उनके हम अभ्यस्त हो गए हैं, इसलिए हमें उनमें विरोध की प्रतीति नहीं होती। पर विरोध तो है। कितवसूक्त जीवन के अन्तर्विरोध से उपजा है। पैराडॉक्स या विरोध के बिना जीवन नहीं, कविता नहीं। भवभूति के 'मालती माधव' में नायक कहता है कि मालती ने अमृत और विष में बुझा कटाक्ष मेरे हृदय मे गहरे खुभा दिया है–दिग्धोऽमृतेन च विषेण च पक्ष्मलाक्ष्या गाढं निखात इव में हृदये कटाक्षः–यहाँ भी विरोध है कि एक वस्तु एक साथ अमृत और विष दोनों में लिपटी कैसे हो सकती है। अमिय और हलाहल साथ-साथ एक में कैसे रह सकते हैं। समाधान भी यही है कि यह संसार ऐसा ही है–इसमें अमृत-विष एकत्र रहते हैं।

भवभूति को आधुनिक समीक्षक विरोध का कवि भी बताते हैं। विरोध अलंकार और विरोध का कवि होने में क्या कोई सम्बन्ध है? भवभूति परस्पर विरोधी भावों और वस्तुओं के युग्म बार-बार कविता में बनाते हैं। वे सम्मिश्रित मनःस्थितियों की चर्चा करते हैं। उनके महावीरचरित में परशुराम राम को सामने देखकर स्नेह से आविष्ट भी होते हैं, और राम को मार डालना भी चाहते हैं। यही स्थिति उत्तररामचरित में समरभूमि में आमने-सामने खड़े लक्ष्मणपुत्र चन्द्रकेतु और कुमार लव की है। वे एक दूसरे को सराहना की दृष्टि से भी देखते हैं और एक दूसरे पर टूट पड़ने को उतारू भी हैं। राम के द्वारा निर्वासित सीता बारह बरस बाद उस पंचवटी में अपने प्रिय और पति को सामने देखती हैं, जहाँ वे चौबीस बरस पहले उनके साथ कभी रही थीं। राम के लिए तटस्थता, नैराश्य, उदासीनता, क्रोध, सहानुभूति, करुणा, सौजन्य आदि अनेक परस्पर विरोध भाव उनके मन में आते और जाते हैं। इसके आगे जाकर तो जनक जैसे पात्रों के रोष से उफनते कथनों में राम को कटघरे में खड़ा ही कर दिया गया है, और फिर राम के चरित्र के सारे

अन्तर्विरोध को लव भी बड़े साहस से चन्द्रकेतु के आगे प्रकट कर देता है।

विरोध जीवन का अलंकार है। इसीलिए कविता में विरोध नामक अलंकार की व्याप्ति केवल उतनी ही नहीं है, जितनी मम्मट आदि के लक्षण से मिलती है। शरतचन्द और ताराशंकर बनर्जी के उपन्यासों से लगाकर हरिशंकर परसाई के लेखन का बहुत बड़ा हिस्सा इसी एक अलंकार का उदाहरण बन सकता है। अभी हमने भवभूति के नाटक में कुछ पात्रों के द्वारा राम के चरित या निर्णय के प्रति विरोध करने का उदाहरण दिया है। देवताओं को हमारी काव्य परम्परा चुनौती देती आई है। बच्चन 'दानवों का शाप' नामक कविता में कहते हैं–

देवताओ!
सिन्धु मंथन के समय
जो छल कपट, जो क्षुद्रता
जो धूर्तता
तुमने प्रदर्शित की
सह भले ही ली हो दानवों ने
क्षम्य कब समझी उन्होंने?

पूरी की पूरी कविता एक तरह से देवताओं के प्रति विरोध है। इसे विरोधालंकार का उदाहरण इसलिए माना जाना चाहिए कि देवता में इस तरह का आचरण परस्पर विरुद्ध बात हो जाती है। देवताओं में छल, कपट व क्षुद्रता तथा दानवों में सहिष्णुता हो–यह विरुद्ध कथन है। दो वस्तुओं में ऊपर ऊपर से विरोध के कथन से ही विरोध अलंकार नहीं होता, वह पूरे कथ्य और उसमें अन्तर्निहित तथ्य में भी रह सकता है। इसीलिए आचार्यों ने हर अलंकार के वाच्य और व्यंग्य दो प्रकार माने हैं। एक समूची बड़ी रचना में विरोध अलंकार अन्तर्निहित होकर पिरोया रह सकता है, जैसे 'राग-दरबारी' उपन्यास में।

बच्चन की कविता देवताओं के अन्तर्विरोध को व्यक्त करके ही नहीं रुकती। वह हमारे समय के अन्तर्विरोध तक पहुँचती है–

सृष्टि यदि चलती रही तो
अमृतमंथन की ज़रूरत
फिर पड़ेगी
और मंथन
वह अमृत के
जिस किसी भी रूप खातिर
किया जाए

बिना दो देव-दानव पक्ष के
सम्भव न होगा।
किन्तु अब से
मन्दराचल मूल का
वह कठिन, ठोस, स्थूल भारी
भाग देवों की
कमर पर
पीठ-कन्धों पर पड़ेगा
और दानव शिखर थामे
शोर भर करते रहेंगे—
"अमृत जिन्दाबाद, अमृत जिन्दाबाद!"
खास उनमें
अमृत पर व्याख्यान देंगे
और मंथन काल में भी
देवतागण सर्प का मुखभाग
पकड़ेंगे
फनों की चोट खाएँगे
जहर की फूँक घूँटेंगे,
मगर दल दानवों के
साँप की बस दुम हिलाएँगे—

विरोध के लिए द्वन्द्व आवश्यक है। यहाँ देवपक्ष और दानवपक्ष का द्वन्द्व है। इस द्वन्द्व के भीतर दोनों पक्षों के भीतरी विरोध हैं, और अतीत तथा वर्तमान का भी विरोध है। पहले जो अमृतमंथन हुआ, उसमें मन्दराचल का सबसे वज़नी हिस्सा दानवों ने उठाया, वासुकि नाग के फण की फुफकार उन्होंने झेली फिर भी वे अमृत से वंचित रहे। अब दानव बिना परिश्रम किए नारे लगा रहे हैं और छककर अमृत पी रहे हैं। देवता मन्दर का सबसे भारी हिस्सा उठाकर और ज़हर की फूँके घुटककर भी अमृत से वंचित हैं। दानवों का बिना श्रम किए अमृत पीना और देवताओं का श्रम करके ही उससे वंचित रहना—इसमें विरोध है।

इस तरह विरोध अलंकार उक्तिगत और उक्तिमात्रपर्यवसित भी हो सकता है और प्रबन्ध या लम्बी कविता के विविध प्रसंगों में अन्तर्विरोध भी रह सकता है। इस अलंकार में लोकप्रचलित मान्यता या लोक का तर्क टूटता है, और कविता अपना तर्क स्थापित करती है।

टूटना पुनः तर्क का

संगति का अभाव असंगति है। असंगति अलंकार कार्यकारण भाव के सिद्धान्त की अनन्विति पर आधारित है। दर्शन का सिद्धान्त है कि जहाँ कारण होता है, वहाँ कार्य भी होता है। जीवन में क्या सर्वत्र यह सिद्धान्त लागू होता है? काम करनेवाले को उसका फल सदा नहीं मिलता। कारण कहीं हो और कार्य कहीं और दिखाई दे, तो असंगति अलंकार माना जाता है। मेहनत कोई करे, और उसकी मेहनत के फल का आनन्द कोई और ले, तो असंगति कही जाएगी। ''और करे अपराध कोउ और पाय फल भोग''—पूँजीवादी समाज का यथार्थ है। इसके चलते जीवन और जगत् में असंगति है। इस असंगति का कविता में खुलासा किया जाए, तो असंगति अलंकार होता है।

असंगति का बोध संगति की समझ पैदा करने और संगति की खोज के लिए आता है। तुलसीदास की रचना में युद्ध में घायल लक्ष्मण कहते हैं—

हृदय घाउ मेरे पीर रघुवीरै।

घाव मेरे हृदय में है, पीड़ा रघुवीर को हो रही है। इसी तरह बिहारी कहते हैं—

दृग उरझत टूटत कुटुम जुरत चतुर-चित प्रीति।
परति गाँठ दुर्जन हिए दई नई यह रीति॥

इधर आँखें उलझती हैं और उधर कुटुम्ब टूटते हैं। चित्त की प्रीति जुड़ती है और उधर दुर्जन के हृदय में गाँठ पड़ती है। असंगति यहाँ भी है। इन दोनों उदाहरणों में विरोध और असंगति की सीमा रेखाएँ एक दूसरे को स्पर्श कर रही हैं। पर विरोध अलंकार के स्थान पर असंगति ही यहाँ मानना उचित है, क्योंकि विरोध अलंकार तब बनेगा, जब एक अधिष्ठान में परस्पर विरुद्ध धर्म प्रदर्शित किए जाएँ। यहाँ दो पृथक् अधिष्ठानों में गुण या धर्म प्रदर्शित है, उनके कारण असंगति का बोध हो रहा है। एक ही धर्मी में परस्पर विरोधी धर्म निरूपित हों, तो विरोध अलंकार होगा। पर दो ऐसे धर्म जिन्हें एक में होना चाहिए, उनमें एक कहीं, व दूसरा कहीं और हो, असंगति अलंकार बनेगा।

उपर्युक्त दोनों ही उदाहरणों में असंगति जितनी ही स्पष्ट है, उसका समाधान भी उतना ही स्पष्ट है। पर सर्वत्र तो असंगति का समाधान नहीं निकल पाता। इस आधार पर समाधेया और असमाधेया दो प्रकार असंगति के माने जा सकते हैं। विरोध अलंकार में तर्क टूट चुका होता है, असंगति में तर्क टूटता या तोड़ा जाता है और तर्क करते हुए ही तर्क तोड़ा जाता है। विरोध अलंकार के मूल में एक दी हुई स्थिति रहती है, असंगति अलंकार के मूल में तर्क रहता है, और तर्क के टूटते जाने की प्रक्रिया जारी हो जाती है। असंगति नाम में गति का जुड़ाव उसके सातत्य का सूचक है।

शोभाकर मित्र ने असंगति को दिक्काल के बड़े फलक पर फैलाते हुए उसके आठ प्रकार बताए हैं, जिनमें वे विराट् विश्व को उसी तरह समाहित कर लेते हैं, जिस तरह मम्मट आदि विरोध के भेदों में जगत्प्रपंच के नाना विरोधों को समेटते हैं। जिस तरह जीवन और जगत् में विरोध पिरोया हुआ है, असंगति भी इसमें भिदी हुई है। शोभाकर के अनुसार देश और काल में कार्य-कारण का अन्यथात्व असंगति है। जो कार्य एक स्थान पर होना था उसका अन्य स्थान पर होना, जो अलग-अलग स्थानों पर होना था उसका एक ही स्थान पर हो जाना, जो कार्य बाद में होना था, उसका पहले हो जाना या एक साथ हो जाना, जो कार्य उसी समय होना था, उसका बहुत बाद में होना या न होना, इस लोक के कार्य का अन्यत्र और अन्यत्र होनेवाले कार्य का यहाँ होना—इस तरह असंगति के आठ भेद हो जाते हैं।

असंगति अलंकार को एक तरह से संसार के मायाजाल का निरूपण कह सकते हैं। संसार विचित्रताओं का समुच्चय है। विचित्रता का बोध इसमें कार्य-कारण भाव की तार्किक संगति के टूटने से होता है। मुख्य रूप से मनुष्य के आचरण के कारण ही यह असंगति जन्म लेती है। साहित्य में असंगति अलंकार मनुष्य के चरित्र का विश्लेषण करने की एक प्रविधि भी है।

जिस मनुष्य का जैसा चरित्र या आचरण होना था, वैसा न होकर किसी और का चरित्र या आचरण उसमें प्रतिफलित हो जाए, तो यह शोभाकर के बताए भेदों से पहले प्रकार की असंगति होगी। संस्कृत का छठी-सातवीं शताब्दी के आसपास लिखा गया 'भगवदज्जुकम्' प्रहसन इसका सुन्दर उदाहरण है। इसमें एक संन्यासी अपने शिष्य शांडिल्य के भिक्षाटन को चलने के अनुरोध को टालकर उसे लेकर नगर के उद्यान में पहुँचते हैं। दोनों में योग पर चर्चा होती है, जिसे शांडिल्य भोग-चर्चा की ओर मोड़ना चाहता है। इसी समय वसन्तसेना नाम की गणिका अपनी चेटी (सेविका) के साथ उस उद्यान में विहार के लिए जाती है। उसका प्रेमी

रामिलक भी उससे मिलने के लिए वहाँ आनेवाला है। समय बिताने के लिए वह उद्यान में फूल चुनने लगती है। शांडिल्य उसे अतृप्त लालसा से छिपकर निहारता है। संन्यासी उसकी चंचलता पर उसे फटकार लगाते हैं। तभी यमदूत वहाँ प्रवेश करता है। यमराज ने उसे वसन्तसेना नाम की गणिका के प्राण लेने के लिए इस नगर में भेजा है। वह सर्प बनकर फूल चुनती वसन्तसेना को काट लेता है। वसन्तसेना चेटी को अपनी माता तथा प्रेमी के लिए अपना अन्तिम सन्देश बताते-बताते प्राण त्याग देती है। शांडिल्य यह दृश्य देखकर बिलखने लगता है। संन्यासी उसे गणिका का मोह त्यागकर अध्ययन में मन लगाने का उपदेश देते हैं, तो वह उनसे ही उलझ पड़ता है। चेटी गणिका के शव को शांडिल्य के भरोसे छोड़कर उसकी माता को बुलाने के लिए चली जाती है। शांडिल्य गणिका के शव को छूकर विलाप करने लगता है। तब संन्यासी उसका मोह तोड़ने के लिए अपनी योगशक्ति का चमत्कार दिखाने का निर्णय लेते हैं। वे अपना जीव मृत गणिका के शव में प्रविष्ट करा देते हैं। गणिका जी उठती है और संन्यासी का शरीर निष्प्राण हो जाता है। शांडिल्य प्रसन्नता से उछल पड़ता है और गणिका को छूने के लिए आगे बढ़ता है, तो गणिका के शरीर में विराजे उसके गुरुदेव उसे डपटते हैं–'अपवित्र हाथों से मुझे मत छू!' शांडिल्य घबराकर अपने गुरु के पास जाता है और उनका शरीर निष्प्राण देखकर रोने लगता है। गणिका के देह में विराजे उसके गुरु उसे अध्ययन करने के लिए पुकारते हैं। तभी चेटी गणिका की माता को लेकर आ जाती है। गणिका की माता लेटी हुई अपनी बेटी के शरीर से लिपटने को होती है कि संन्यासी उसके शरीर के भीतर से उसे कड़े स्वर में स्पर्श करने से रोकते हैं। माता और चेटी समझती हैं कि विष के प्रभाव से वसन्तसेना ऊटपटाँग बातें कर रही है। उसके इलाज के लिए दो वैद्य बुलाए जाते हैं। पर गणिका के भीतर स्थित संन्यासी उन वैद्यों से वैद्यक और सर्पविद्या पर प्रश्न और शास्त्रार्थ करके उन्हें इस तरह हैरान कर देते हैं कि वे भाग खड़े होते हैं। इस बीच वसन्तसेना का प्रेमी रामिलक उससे मिलने के लिए आ पहुँचा है। वह अपनी प्रेमिका को प्रेताविष्ट समझकर घबरा जाता है। यह सारा घटना-संविधान और भी रोचक मोड़ ले लेता है, जब वसन्तसेना का जीव लेकर गया हुआ यमदूत लौट आता है। यमराज ने उसे लताड़कर कहा कि जिस वसन्तसेना का जीव तुम ले आए हो, उसकी तो आयु पूरी नहीं हुई थी, उसी नगर में एक अन्य वसन्तसेना नाम की गणिका है, उसका जीव लाना था। यमदूत उद्यान में वसन्तसेना का जीव उसके शरीर में वापस स्थापित करने के लिए पहुँचता है तो देखता है कि वसन्तसेना तो जीवित है और प्रवचन दिए जा रही है। वह वस्तुस्थिति समझ जाता

है और संन्यासी के खेल को आगे बढ़ाने के लिए गणिका का जीव उनके मृत देह में डाल देता है। इतना करके वह उस दूसरी वसन्तसेना के प्राण लेने चला जाता है, जिसकी मौत वास्तव में बदी थी। इधर संन्यासी स्त्रियों जैसे सुकुमार स्वर में रामिलक और गणिका की माता को पुकार रहे हैं और उधर गणिका संन्यासी के स्वर में लोगों को डपट रही है। फिर यमदूत अपनी भूल सुधारने के लिए वहाँ आता है और गणिका के शरीर में स्थित संन्यासी से प्रार्थना करता है कि वे उस शरीर को त्याग दें। इसके पश्चात् संन्यासी का जीव फिर से उन्हीं की देह में आ जाता है और गणिका का जीव भी उसके नारी शरीर में लौट आता है, जिससे ये दोनों पहले की तरह स्वाभाविक आचरण करने लगते हैं।

'भगवदज्जुकम्' में जो काम संन्यासी का है, उसे यहाँ गणिका करने लगती है। जो काम गणिका का है, उसे संन्यासी करने लगता है। इस तरह यहाँ असंगति अलंकार के तीसरे भेद का लक्षण लागू होता है। संन्यासी का गणिका की तरह आचरण करना और गणिका का संन्यासी की तरह आचरण—इसमें असंगति है। इस असंगति को नाटककार ने परकाया प्रवेश के अभिप्राय से समाधान किया है।

'भगवदज्जुकम्' में दार्शनिक, सामाजिक और मनोवैज्ञानिक रहस्यों के उन्मीलन के लिए परकाया-प्रवेश के अभिप्राय का अत्यन्त मौलिक और कल्पनापूर्ण प्रयोग किया गया है। यमदूत की तनिक-सी भूल के कारण विचित्र और उलझन भरी स्थितियों की शृंखला बन जाती है, जिसमें दर्शक तो कौतुक से भरकर आनन्दित होते रहते हैं और संन्यासी को छोड़कर सारे पात्र किंकर्तव्यविमूढ़ हो जाते हैं। घटना व्यापार के आकस्मिक विपरिवर्तन के द्वारा इस प्रहसन में हास्य की अपूर्व सृष्टि की गई है। एक असम्भव प्रतीत होनेवाली घटना को मंच पर चरितार्थ करके नाट्यकार मनुष्य के अस्तित्व और व्यक्तित्व की पहचान के सम्बन्ध में गम्भीर प्रश्न उठाते हैं। क्या देह से मनुष्य के व्यक्तित्व की पहचान होती है? शांडिल्य संन्यासी की देह से चिढ़ता है और गणिका के रूप पर आसक्त होता है। संन्यासी का व्यक्तित्व गणिका में और गणिका का जीव संन्यासी में आ जाने से उसकी संन्यासी के लिए चिढ़ और गणिका के लिए आसक्ति हो[illegible]ाना समाप्त हो जाती हैं। गीताकार की भाँति 'भगवदज्जुकम्' के प्रणेता [illegible] यहाँ यह सन्देश भी देना चाहते हैं कि "स्वे स्वे कर्मण्यभिरतः सं[illegible]द्धिं लभते नरः'—यदि संन्यासी गणिका की भाँति और गणिका संन्या[illegible]सी की भाँति आचरण करने लगे, तो बड़ी विसंगति होगी।

जो जहाँ होना चाहिए, वह वहाँ नहीं है। गणिका में गणिका का ही जीव रहे और संन्यासी में संन्यासी का—यह संगति बनाए रखने के लिए आवश्यक है।

इसको उलट देने से असंगति हो जाती है। वैतालपंचविंशति की एक कहानी में जिसे गिरीश कर्नाड ने 'हयवदन' में उठाया है, एक स्त्री के दो प्रेमियों के मस्तक बदल जाते हैं। धड़ किसी का और माथा किसी और का–यह असंगत स्थिति वहाँ हो जाती है। उसे मनुष्य की पहचान के सवाल से जोड़ा गया है। पुरानी कहानी उस सारी असंगति में एक संगति खोजकर समाधान पर पहुँचना चाहती है। आज की रचना में समाधान की जगह असंगति के जारी रहने का ही बोध प्रधान है।

नन्दकिशोर आचार्य के 'देहान्तर' में भी इसी तरह की असंगति घटती है। बूढ़ा ययाति युवक होना चाहता है और युवा की तरह आचरण करने लगता है। युवा पुरु बूढ़ा हो जाता है। उसकी माँ देवयानी उसकी परिचर्या करती है। पर इस परिचर्या में बेटे के लिए शुद्ध वात्सल्य के भाव नहीं हैं। वह पुरु की ऐसे सेवा करती है, जैसे बूढ़े पति की परिचर्या कर रही हो।

नन्दकिशोर आचार्य ने ययाति के मिथक को उसकी व्यापकता में ग्रहण किया है, अन्यथा इसकी उथली व्याख्या की जाए, तो कुछ ऐसा स्वरूप बन जाएगा, जैसा हाल में छपे एक उपन्यास (पथप्रज्ञा : वीणा सिन्हा, किताबघर, दिल्ली, 1998) में है। शुक्राचार्य के अभिमन्त्रित जल व शापोद्गार से "ययाति की युवा काया एकाएक शिथिल होकर वार्धक्य से ग्रस्त हो गई।" फिर देवयानी के खिन्न होने पर उसके अनुरोध से उन्होंने यह मार्ग सुझाया कि ययाति को कोई तरुण पुत्र रक्त दान करे। पुरु ने ययाति को अपना रक्त दिया, जिसके कारण वह स्वयं तो कुछ समय के लिए अशक्त हो गया, पर ययाति तरुण हो गए। अर्थात् कहानी में कहीं कोई असंगति हुई ही नहीं। ययाति मनोवैज्ञानिक दबाव के आगे बुढा गए, और रक्तदान की निपट भौतिक सहायता से भले चंगे और युवा हो गए। यह एक चिकित्सकीय और सर्वथा भौतिक व्याख्या है (संयोगवश लेखिका एक चिकित्सक हैं)। इसमें पुरु के यौवन का ययाति के द्वारा ग्रहण और ययाति द्वारा अपने वार्धक्य को पुरु पर आरोपित होने की प्रतीकात्मक स्थिति को निरस्त कर अस्पताल में असमय बुढ़ा गए पिता को खून देनेवाले तरुण का सर्वथा स्थूल चित्र प्रतिष्ठित हो जाता है। उसके कारण ययाति के वार्धक्य का पुरु में आ जाना और पुरु के यौवन का ययाति में आ जाना यह कारण के साथ कार्य न रहकर अन्यत्र विस्थापित होने से उत्पन्न असंगति भी नहीं रह जाती। असंगति जीवन के भीतर गहरे में भिदी हुई है, उसे एक स्थूल वास्तविकता का आवरण चढ़ाकर ढँक दिया गया है।

'देहान्तर' में असंगति की शुरुआत वहीं से हो जाती है, जब देवयानी उस कच से परिणयसूत्र में बँधना चाहती है, जो उसे बहिन मानता है। देवयानी ने

सोचा कुछ और था, हुआ कुछ और। इस सोच और वास्तविकता की दूरी से असंगति का सिलसिला शुरू हो जाता है। ययाति के साथ दाम्पत्य में यह असंगति चली आई है। ययाति कहता है–"उसकी देह मेरी थी, पर चेतना कच के रंग में रँगी थी। एक पल के लिए भी उसे भुला नहीं सकी वह।...प्रेम के घने क्षणों में उसने आँख भर देखा भी नहीं मुझे।...वह इस देह में किसी और को खोजती रही। चक्रवर्ती की देह में भिक्षु कच को।" (पृ. 18)

पुत्र में यौवन होना चाहिए था, उसकी जगह उसमें पिता का बुढ़ापा समा गया है। पिता में वार्धक्य होना था, उसकी जगह उसमें पुत्र का यौवन है। पुरु शर्मिष्ठा को माँ कहकर पुकारता है, तो बिन्दुमती कहती है–"बहू कहकर पुकारो तो अधिक उचित होगा।" (पु. 29)। शर्मिष्ठा ययाति में पुरु के यौवन का अनुभव करती है जो उसके लिए असह्य है। बिन्दुमती ययाति में अपने पुरु को खोजती है और शर्मिष्ठा में अपनी सास को। बिन्दुमती इस सारी स्थिति की जो व्याख्या करती है उससे असंगति अलंकार की पूरे नाटक में परिव्याप्ति जानी जा सकती है–

"शुक्राचार्य का शाप लौटा लेना शाप देने से भी भारी पड़ा है चक्रवर्ती। सारा क्रम उलट गया।

"विधान यही है कि पुत्र में पिता का ही जन्म होता है। लेकिन आप में पुरु का पुनर्जन्म हुआ है।" (पृ. 38)

यह कार्यकारण के विपर्यय के असंगति का उदाहरण हो जाता है।

ययाति, पुरु, शर्मिष्ठा और बिन्दुमती नाटक में अपने आपको उस रूप में पाते हैं जो प्रचलित सामाजिक परिभाषाओं में व्याख्येय नहीं है। लेकिन वह वास्तविकता है। असंगति का काव्यात्मक विमर्श वास्तविकता की पहचान के लिए ही होना चाहिए।

मिलान कुन्देरा की एक कहानी में नायिका अपने दिवंगत पति की कब्र का निर्धारित तिथि पर नवीनीकरण कराना भूल गई है।

कब्रिस्तान में कब्र दस साल की लीज पर मिलती है और लीज की अवधि खत्म होने के पूर्व या उसके साथ ही लीज का नवीनीकरण ज़रूरी है। लीज की तिथि बीतने के कुछ दिन बाद अपनी भूल का अहसास होते ही नायिका घबराई हुई कब्रिस्तान पहुँचती है, तो देखती है कि उसके पति की कब्र हटा दी गई है, वहाँ किसी और की कब्र है। वह परेशान होकर कब्रिस्तान के कार्यालय में पहुँचती है। कार्यालय का अधिकारी उसे बताता है कि नवीनीकरण न कराने की वजह से उसके पति की कब्र हटा दी गई है। नायिका के लानत-मलामत करने पर

अधिकारी नियमों का हवाला देते हुए कब्रिस्तान में जगह कम होने की मजबूरी जताता है। नायिका इस अमानवीय या क्रूर हरकत पर हतप्रभ-सी फिर शिकायत करती है, तो उसे और भी दृढ़ स्वर में जवाब मिलता है–''बूढ़े मुर्दों को चाहिए कि वे नए मुर्दों के लिए जगह बनाएँ।''

'देहान्तर' में बूढ़ा ययाति जवान हो जाता है, जवान पुरु बूढ़ा बन जाता है। क्योंकि वे दोनों जिन्दा हैं। क्या मुर्दे भी बूढ़े या जवान हो सकते हैं? यह एक अलग तरह की असंगत स्थिति है। मुर्दे का क्या बुढ़ापा और क्या जवानी? पर कब्रिस्तान के अधिकारी का अपना तर्क है, जो सामान्य तर्क को तोड़ता है। उसके लिए दस साल पहले मरे लोग बूढ़े हैं, भले ही मरते समय उनमें कोई बच्चा ही क्यों न रहा हो। नन्दकिशोर आचार्य के नाटक में बूढ़े ययाति को जवान पुरु के लिए जगह बनानी थी, वह उलटे उसकी जगह छेंककर बैठ गया है। इस कहानी में कब्रिस्तान वाले को शिकायत है कि बूढ़े मर्द नए मुर्दों के लिए जगह छेंककर पड़े हुए हैं।

तब कहानी की नायिका को लगता है कि उसके पति की दूसरी बार मौत हुई है। पहली मौत भी वह रोक नहीं सकी थी और वह दूसरी मौत, जो कि एक पहले के मर चुके व्यक्ति की मौत है, उसे भी वह न रोक सकी। इसके साथ ही उसके पति का एक मुर्दे के रूप में अस्तित्व में रहने का अधिकार भी समाप्त हो गया है।

मुद्राराक्षस का एक नाटक है–'योर्स फैथफुली।' इसमें दफ्तर में काम करनेवाली एक स्टेनो कंचनकुमारी आत्महत्या कर लेती है और अपनी शोकसभा में भाग लेने पहुँच जाती है। पर कोई व्यक्ति अपनी स्वयं की शोकसभा में भाग नहीं ले सकता, इस नियम के आधार पर उसे शोकसभा में प्रवेश नहीं दिया जाता। मुर्दा अपनी शोकसभा में भाग लेने पहुँचे–यह असंगति (अलंकार) यहाँ है। मरी हुई स्टेनो का अफसर इस मुर्दे के साथ वह सब करना चाहता है, जो उसके जिन्दा होने के समय वह उसके साथ करना चाहता था। नाटक के अन्त में अपने आपको कंचन का पति बतानेवाला एक क्लर्क भी आत्महत्या कर लेता है, और दफ्तर का डिस्पैचर उसके मुर्दे से कंचन के साथ उसके रिश्तों के बारे में सवाल पूछता रहता है।

मुर्दे को जिन्दा मानकर व्यवहार करना और जिन्दा आदमी से मुर्दे जैसा सलूक करना इसमें असंगति है। असंगति अलंकार जीवन की विडम्बना को निरूपित करता है और इस विडम्बना की समझ काव्य के भावक को देता है। इस विडम्बना को लेकर तकलीफ का अहसास रचना के केन्द्र में आ जाए, तो विषम और विषादन अलंकार हो सकते हैं। उनकी चर्चा अगले अध्यायों में की जाएगी।

कविता में निषेध और निषेध की कविता

'मालविकाग्निमित्र' कालिदास का पहला नाटक माना जाता है। नाटक के आरम्भ में ही कवि ने अपने तेजस्वी और प्रखर व्यक्तित्व का परिचय दिया है। प्रस्तावना में पारिपार्श्विक के मुख से प्रश्न कराया गया है कि जब भास, सौमिल्ल और कविपुत्र जैसे बड़े नाटककारों की कृतियाँ हैं तो एक नए अल्पज्ञात नाटककार का रूपक क्यों खेला जा रहा है। इसके उत्तर में सूत्रधार कवि की ओर से यह मन्तव्य प्रस्तुत करता है–

पुराणमित्येव न साधु सर्वं न चापि काव्यं नवमित्यवद्यम्।
सन्तः परीक्ष्यान्यतरद् भजन्ते मूढः परप्रत्ययनेयबुद्धिः॥

(जो कुछ पुराना है, वही सारा का सारा अच्छा हो, ऐसी बात नहीं है। जो कुछ नया है, वह सब बुरा ही है, ऐसी बात भी नहीं है। समझदार लोग परखकर इनमें से जो श्रेष्ठ है, उसे अपनाते हैं। मूढ़ लोगों की मति दूसरे की मान्यता से बहक जाती है।)

सारी की सारी पुरानी चीजें अच्छी नहीं होतीं और सारी की सारी नई बातें बुरी भी नहीं होतीं–यह कहकर कालिदास ने एक निषेध किया है। पुराने में जो कुछ अग्राह्य है उसका निषेध और हर नए को अग्राह्य कहनेवाली मनोवृत्ति का भी निषेध। श्लोक का उत्तरार्ध निषेध के पश्चात् ग्राह्य के ग्रहण की बात करता है। हम अग्राह्य का निषेध करके अपने विवेक से ग्राह्य का ग्रहण करें–यह उसमें सन्देश है।

साहित्यशास्त्र में एक अलंकार है–अपह्नुति। इसका लक्षण दिया गया है–

प्रकृतं यन्निषिध्यान्यत् स्थाप्यते सा त्वपह्नुतिः।

(प्रकृत या जो सामने है, उसका निषेध करके अन्य की स्थापना की जाए, तो अपह्नुति अलंकार होता है।)

मम्मट के इस लक्षण में प्रकृत का पारिभाषिक अर्थ उपमेय है। भामह से लगाकर मम्मट तक अधिकांश आचार्यों ने अपह्नुति को एक साधर्म्यमूलक अलंकार माना है, पर भोज इसे मात्र औपम्यमूलकता में सीमित करने के पक्ष में

नहीं हैं। अपह्नुति के उपर्युक्त लक्षण से यदि साधर्म्यमूलकता की बात निकाल दें, तो कालिदास की यह उक्ति अपह्नुति अलंकार का उदाहरण मानी जा सकती है।

प्रकृत का अर्थ है–जो सामने है। जो सामने है, उसमें कोई विसंगति या अपूर्णता देखकर उसका निषेध किया जाता है। यह भी सम्भव है कि जो सामने है उसका निषेध इसलिए किया जाए कि उससे बेहतर विकल्प दृष्टि में है। 'मालविकाग्निमित्र' की प्रस्तावना के प्रसंग में सामने हैं महान् यशस्वी नाटककारों भास, सौमिल्ल, कविपुत्र आदि की नाट्यकृतियाँ। उनके विकल्प में एक नए और कदाचित् अनजान कवि कालिदास की पहली नाट्य कृति मंच पर प्रस्तुत होने जा रही है। सूत्रधार कहना यही चाहता है कि वह पुरानी स्थापित नाट्यकृतियों के बरक्स एक बेहतर विकल्प प्रस्तुत करने जा रहा है।

इस तरह अपह्नुति में जब-जब निषेध किया जाता है, तो उस निषेध का विकल्प सदा स्रष्टा या निषेध करनेवाले के मानस में रहना चाहिए। केवल निषेध करने या विरोध करने के लिए अपह्नुति का प्रयोग नहीं होता। निषेध करने के लिए दो बातें अपेक्षित हो सकती हैं–एक तो जिसका निषेध किया जा रहा है, उसके प्रति असहमति, उससे असन्तुष्टि या उसका विरोध और उसका निषेध करके अन्य की स्थापना का साहस। साहस कालिदास के इस श्लोक में भरपूर है, उस जमाने में भास जैसे महान् नाटककार की कृतियों के रहते नया नाटक रचकर उसे इस तरह प्रस्तुत कराना मामूली बात न थी।

रवीन्द्रनाथ टैगोर अपनी एक कविता में कहते हैं–

जगत् को छोड़ देना
मेरी मुक्ति की पद्धति नहीं है यह
अनन्त स्वातन्त्र्य का स्वाद मिलेगा मुझे
जीवनचक्र के सहस्रों बन्धनों में बँध-बँधकर ही
नाद, रूप और गन्ध की हर गरिमा में
मैं पाऊँगा तुम्हारा ही अनन्त आनन्द उल्लसित
मेरी कामना ही जलती रहेगी मुक्ति की ज्वाला बनकर।

रवीन्द्रनाथ यहाँ जगत् को छोड़कर पाई जानेवाली मुक्ति का निषेध कर रहे हैं। उस मुक्ति से उनका विरोध है। रवीन्द्रनाथ मुख्यतया विरोध के कवि नहीं हैं। वे निषेध के कवि भी नहीं हैं। फिर भी निषेध एक अन्तर्निहित राग की तरह उनके गीतों में बजता है। यह इसलिए कि कालिदास जिस तरह हर पुराने को ग्राह्य मान लेने की मनोवृत्ति का निषेध कर रहे हैं, उसी तरह टैगोर भी जीवन को त्यागकर

एकान्त में वैयक्तिक मुक्ति खोजने की मनोवृत्ति का निषेध कर रहे हैं। इस तरह निषेध इन दोनों की रचना में एक अन्तःस्वर है।

यदि निषेध इन दोनों का एक अन्तःस्वर है, तो रचना में उसकी अनुगूँज होनी चाहिए। इस प्राक्कल्पना को लेकर 'मालविकाग्निमित्र' की ओर फिर लौटें। इस दृष्टि से कहा जा सकता है कि पूरा-का-पूरा 'मालविकाग्निमित्र' एक अपह्नुति है। पुष्यमित्र जैसे धर्म की ध्वजा लहरानेवाले प्रतापी सम्राट् का बेटा अग्निमित्र जो विदिशा का सामन्त है, राज-काज छोड़कर रागरंग में डूबा है। रानी धारणी अग्निमित्र और मालविका के प्रेम में प्रत्यवाय (बाधा) है। वह समझ जाती है कि नृत्याचार्य के नृत्य प्रदर्शन के बहाने राजा मालविका को देखना चाहता है और टिप्पणी करती है–"इस तरह की उपायनिपुणता आदि आपके राजकार्य में भी होती, तो अच्छा होता!" आशय है कि राजा प्रेम प्रसंगों में जितना उपायनिपुण है, उतना राजकार्य में नहीं। यहाँ राजा की विलासप्रियता के प्रति असहमति या निषेध का स्वर है। मालविका का नृत्य देखने के बाद राजा के मन में उसके लिए कामना हिलोर लेने लगती है। इसके ठीक बाद विदूषक राजा से कहता है–"तुम वह गीध हो, जो कच्चे मांस के लालच में कसाईखाने पर मँडराता भी है और डरता भी है।"–यहाँ भी राजा मनुष्य न होकर गीध हो गया है–यह अपह्नुति व्यंग्य है। विदूषक को राजा की नौकरी बजानी है, इसलिए वह उसकी प्रेम लीलाओं में सहायता तो करता है, पर मन ही मन राजा के आचरण से असहमत भी है। इसलिए वह अपना निषेध या असहमति प्रकट करता है।

राजा को एकान्त में अचानक मालविका दिख जाती है। विदूषक कहता है–अरे, यह तो छककर मदिरा पीने के बाद तुम्हें मछली का चिखौना मिल गया। यहाँ नायिका एक स्त्री नहीं राजा के स्वाद बदलने के लिए मछली है–यह अन्तर्निहित भाव अपह्नुति का है। राजा छिप-छिपकर मालविका से मिलता है। धारणी के द्वारा मालविका को बन्दी बना लिए जाने पर छल से उसे कारागार से छुड़ाकर विदूषक राजा के साथ उसके मिलन की व्यवस्था करता है। वहाँ फिर दूसरी रानी इरावती के आ जाने पर राजा की गति साँप-छछूँदर जैसी हो जाती है। इसी समय समाचार मिलता है कि राजकुमारी वसुलक्ष्मी गेंद खेल रही थी तो उसे एक वानर ने डरा दिया है और उसका डर कम नहीं हो रहा है। राजकुमारी का डर जाना एक ऐसी बात है, जिससे कि आगे रानी इरावती राजा से लड़ना-झगड़ना भूलकर उसे राजकुमारी के पास जाने को कहती है। इस पर विदूषक टिप्पणी करता है–"बहुत अच्छे, पिंगल वानर, तुमने तो अपने पक्ष के लोगों को बचा ही लिया।" यहाँ भी आदमी आदमी न होकर बन्दर हो गया

है, और एक बन्दर के द्वारा बच्ची को आतंकित करना आतंक न होकर इस बन्दरनुमा आदमी के लिए आतंक से बचाव का साधन बन गया है—यह अपह्नुति है।

यह कहना विचित्र लग सकता है कि शृंगार की प्रसिद्ध कृति के पीछे एक वितृष्णा और क्षोभ है, जिसके कारण अपह्नुति या निषेध की इसमें अन्तर्निहित धुन बजती रहती है। राजा अग्निमित्र के प्रकृत रूप का या ऊपर से वह जैसा दिखता है उस रूप का निषेध करके इसमें अप्रकृत की स्थापना की गई है। इस निषेध और स्थापना के कुछ जटिल स्तर हैं।

अग्निमित्र की एक छवि महान् प्रतापी सम्राट् पुष्यमित्र के पुत्र और वसुमित्र जैसे पराक्रमी पुत्र के पिता की है। विदिशा और उसके आसपास उसका दबदबा है। कालिदास इस छवि को तोड़कर प्रौढ़ वयस् में किशोरी या मुग्धा नायिका के साथ रंगरेलियाँ करने की उसकी कामना और कामुकता का चित्रण करते हुए उसकी असलियत बता देते हैं, यह प्रकृत या निषेध करके अप्रकृत की स्थापना है। पर इसके साथ नाटक अग्निमित्र को जैसा होना चाहिए और वह हो सकता था, उसकी भी स्थापना करता है। अग्निमित्र एक प्रजा के हित में लगा रहनेवाला कुशल शासक हो सकता था, यह भरतवाक्य में उसी के आत्मविश्वास भरे कथन से स्थापित होता है।

इस तरह 'मालविकाग्निमित्र' की अपह्नुति प्रकृत या ऊपर से सच लगनेवाली स्थिति को दो बार नकारती है। अग्निमित्र की प्रचारित कवि का नकार और उसकी असलियत का उद्घाटन, फिर इस असलियत का भी नकार और उस छवि की सी स्थापना जो काम्य या वरेण्य है।

फ़ैज़ अपने सुब्ह-आज़ादी में कहते हैं—

यह दाग़ दाग़ उजाला, यह शबगज़ीदः सहर
वह इन्तज़ार था जिसका, यह वह सहर तो नहीं,
यह वह सहर तो नहीं, जिसकी आरज़ू लेकर
चले थे यार कि मिल जाएगी कहीं-न-कहीं
फ़लक के दश्त में तारों की आख़िरी मंज़िल

यहाँ भी निषेध है। पर यह निषेध किस प्रकार का है? अगस्त सैंतालिस में जो भोर हुई है, वह वही भोर नहीं है, जिसकी कवि ने कल्पना की थी। जो भोर सामने है, उसका निषेध नहीं किया गया है, कल्पित भोर का उसमें निषेध किया गया है। इस तरह से जो प्रकृत या जो सामने है, उसका यहाँ निषेध न करके उलटे उसकी पहचान ही की गई है। यह वह आज़ादी नहीं है जिसका हमने सपना देखा

था—इस आशय की अभिव्यक्ति होने से अप्रकृत या कल्पित या निषेध किया गया है। अपह्नुति में जो निषेध होता है, उसकी एक खास पहचान प्रकृत या कवि के वर्तमान से असहमति होती है। यहाँ भी फ़ैज़ उस वर्तमान से असहमति प्रकट करते हैं, जो उन्हें सन् सैंतालिस के अगस्त ने दिया। वह वांछनीय नहीं है यह कहकर वे उसका निषेध ही करते हैं। अतः प्रकृत का निषेध व्यक्त होने से यहाँ अपह्नुति है। जिस आज़ादी की कल्पना की थी, यह वह तो नहीं, यह कहकर कल्पित का भी यहाँ निषेध किया गया है, पर वांछनीय तो वही था। अतः अप्रकृत का भी निषेध करके स्थापित अप्रकृत को ही किया गया है। इस तरह प्रकृत का निषेध और अप्रकृत की स्थापना—यह अपह्नुति का लक्षण यहाँ देखा जा सकता है।

ऐसी स्थिति में अपह्नुति अलंकार का एक प्रकार वह भी माना जाना चाहिए जिसमें प्रकृत और अप्रकृत दोनों का निषेध हो। प्रकृत का निषेध उससे असहमति या उसकी अवांछनीयता के कारण और अप्रकृत का निषेध उसकी वांछनीयता होने पर भी उसकी अनुपलब्धि के कारण। मेरी जानकारी में प्राचीन आलंकारिकों की परम्परा में ऐसा कोई भेद अपह्नुति का नहीं बताया गया। तब इस भेद को मेरी ओर से प्रस्तावित मानकर उभयनिषेधात्मिका अपह्नुति कहा जा सकता है।

पर मिरे गीत तिरे दुख का मदावा ही नहीं
नग्मः-ए-जर्राह नहीं, मूनिस-ओ-ग़मख्वार सही
गीत नश्तर तो नहीं, मरहमे-आज़ार सही
तेरे आजार का चारः नहीं नश्तर के सिवा।
और ये सफ्फाक मसीहा मिरे कब्ज़े में नहीं
इस जाँ के सिवा किसी ज़ी-रूह के कब्ज़े में नहीं
हाँ मगर तेरे सिवा, तेरे सिवा, तेरे सिवा।

निषेध यहाँ भी है। गीत दुख का इलाज नहीं बन सकते हैं। वे ज़र्राह नहीं हो सकते। पर दर्द को कम करनेवाला मरहम हो सकते हैं। यदि कविता दर्द का इलाज है, ऐसा रूपक बनाया जाए, तो इस रूपक का यहाँ निषेध किया गया है। यों तो यह कविता नहीं, दर्द की दवा है ऐसा कह देने से अपह्नुति बनती। पर उक्त रूपक का निषेध करने से जो अलंकार बना, उसे क्या कहा जाएगा? निषेध तो यहाँ भी है और प्रकृत का ही निषेध है। गीत दर्द की दवा बन सकते हैं—यह विश्वास प्रकृत है, जिसे यहाँ नकारा गया है।

अतः अपह्नुति यहाँ भी है और इसे रूपकनिषेधमूलकपह्नुति कह सकते हैं।

"मुझसे पहली सी मुहब्बत मिरी महबूब न माँग" शीर्षक नज़्म में फ़ैज़ कहते हैं–

यूँ न था, मैंने फ़क़त चाहा था यूँ हो जाए
और भी दुख हैं ज़माने में मुहब्बत के सिवा
राहतें और भी हैं वस्ल की राहत के सिवा

एक का निषेध करके अन्य की स्थापना यहाँ भी है। निषेध्य और स्थाप्य को सीधे-सीधे यहाँ प्रकृत और अप्रकृत की स्पष्ट कोटियों में नहीं रखा जा सकता। प्रियतमा सामने है, उसके प्रति प्रेम का यथावत् न रह पाना एक तरह से प्रकृत का ही निषेध है। इस निषेध के द्वारा जिनको कवि ला रहा है (अनगिनत सदियों के तारीक बहीमानः तिलिस्म/...जा-ब-जा बिकते हुए कूचः ओ बाज़ार में जिस्म) वे सामने नहीं हैं, अतः वे अप्रकृत या परोक्ष हैं। यहाँ निषेध एक वास्तविकता की स्थापना के लिए है। आमतौर पर अपह्नुति में जो लौकिक दृष्टि से वास्तविक है, उसका निषेध करके कविकल्पित की स्थापना की जाती है। यहाँ जिसकी स्थापना की गई है, निषेध की गई सच्चाई के मुकाबले वह ज्यादा बड़ी सच्चाई है। प्रिया के प्रति प्रेम भी सत्य है और ज़माने के सारे दुख भी सत्य हैं।

आचार्य परम्परा प्रकृत और अप्रकृत दोनों में से किसी का भी निषेध होने पर अपह्नुति मानती आई है। अतः निषेध किसका किया जा रहा है, यह अपह्नुति के लिए महत्त्व की बात नहीं है। निषेध एक समझ और पहचान के लिए किया जा रहा है–यह बात यहाँ अर्थ रखती है। वास्तव में अपह्नुति का तो स्वारस्य ही इसमें माना जाना चाहिए कि कवि निषेध करके एक बड़ी वास्तविकता की पहचान या स्थापना करे। यह मुख नहीं चन्द्रमा है–यह प्रचलित उदाहरण भी यह दिखाने के लिए है कि सुन्दरी के मुख की वास्तविकता को पहचाना जाए।

पर चन्द्रालोककार जयदेव ने अपह्नुति का जो लक्षण किया है, वह तो ऊपर किए गए विमर्श के खिलाफ जाता है। वे कहते हैं कि अतथ्य का आरोप करने के लिए तथ्य को छिपाना या उसका निषेध करना अपह्नुति है (अतथ्यमारोपयितुं तथ्यापास्तिरपह्नुतिः)। पर कविता क्या अतथ्य की स्थापना करती है? भर्तृहरि की शब्दावली में यहाँ जो असत्य कहा भी जाता है, वह भी सत्य की परख के लिए ही होता है–असत्ये वर्त्मनि स्थित्वा ततः सत्यं समीहते। उल्लेखनीय है कि ये ही जयदेव अपह्नुति के अपने पाँच भेदों में एक भ्रान्तापह्नुति भी मानते हैं, जिसका लक्षण उनके स्वयं के अपह्नुति के सामान्य लक्षण का ठीक विलोम है। जहाँ प्रकृत में अप्रकृत की शंका या भ्रान्ति हो, और उस शंका का निवारण करके तथ्य की

स्थापना की जाए, वहाँ भ्रान्तापह्नुति होती है। बिहारी का यह दोहा इसका उदाहरण है—

बेसर मोती द्रुति झलक परी अधर पर आय।
चूनो हो न चतुर तिय क्यों पट पोंछो जाय॥

नायिका के नकबेसर का मोती अपनी सफेद कान्ति से उसके अधर पर चूना लगा होने का भ्रम पैदा कर रहा है, दोहे में उस भ्रम का निवारण किया गया है।

अतः अपह्नुति वास्तविकता की पहचान के लिए किया गया निषेध है—ऐसा सामान्य लक्षण अपह्नुति का किया जाए, तो पुनः फ़ैज़ की तनहाई शीर्षक नज़्म इसका उदाहरण है—

फिर कोई आया दिले-ज़ार, नहीं कोई नहीं,
राहरौ होगा, कहीं और चला जाएगा
ढल चुकी रात, बिखरने लगा तारों का गुबार
लड़खड़ाने लगे ऐवानों में खवाबीदः चिराग
सो गई रास्तः तक तक के हर इक राहगुज़ार
अजनबी खाक ने धुँधला दिए कदमों के सुराग
गुल करो शमूएँ, बढ़ा दो मय-ओ-माना-ओ-अयाग़!
अपने बेख्वाब किवाड़ों को मुकफ़्फ़ल कर लो
अब यहाँ कोई नहीं, कोई नहीं, कोई आएगा।

वेदान्त अपह्नुति पर टिका हुआ है। वह जगत् जैसा प्रतीत होता है, उसका निषेध करके परमार्थ को स्थापित करता है।

निषेध और वस्तुसत्य की पहचान—ये अपह्नुति अलंकार के दो मुख्य तत्त्व हैं। निषेध के पश्चात् पहचान के क्रम में रूपक आ सकता है। निषेध में जो नकार है, उसमें ऊपर ऊपर से ऐसा लगता है, जैसे वास्तविकता को नकारा या छिपाया जा रहा है। अपह्नुति या अपह्नव का मूल अर्थ भी 'छिपाना' है। बौद्ध आचार्य संघरक्खित ने अपह्नुति के स्थान पर वंचना शब्द इस अलंकार के लिए पारिभाषिक रूप में प्रयुक्त किया है। कविता छिपाती या वंचना करती है, पर यह तो सत्य की परख के लिए होता है। जैसे इस लोकप्रिय सुभाषित पंक्ति में अपह्नुति है—

न गृहं गृहमित्याहुर्गृहिणी गृहमुच्यते।

(घर को घर नहीं कहते, घरवाली घर कही जाती है।)

यहाँ प्रकृत—घर—का निषेध करके अन्य या प्रकृत—गृहिणी—को स्थापित किया

गया है। घर की असल पहचान गृहिणी से होती है–यह सुभाषितकार कहना चाहता है। ऊपर ऊपर से देखने पर इस वाक्य के पूर्वार्ध में जो निषेध है, वह ऊपरी तौर पर वास्तविकता का नकार या छिपाना लग सकता है, और उत्तरार्ध इस वास्तविकता पर एक काल्पनिकता का आरोप या रूपक लग सकता है। पर अन्ततः यह पंक्ति घर की असलियत का ही बयान है। इस दृष्टि से यह कहा जा सकता है कि अपह्नुति केवल औपम्यमूलक अलंकार ही नहीं, एक वास्तवमूलक अलंकार भी है।

मिलान कुन्देरा की 'No body will Laugh' शीर्षक कहानी में नायक विश्वविद्यालय में अध्यापक है। एक वाहियात किस्म की पुस्तक पर समीक्षा लिखने के लिए उस पर लेखक की ओर से आग्रह और दबाव आता है। नायक समीक्षा लिखने के काम से बचने के लिए झूठ पर झूठ गढ़ता जाता है, वह उस लेखक से बचने के लिए विश्वविद्यालय में अपने व्याख्यानों का समय चुपचाप बदल देता है तथा और भी कई तरह के प्रपंच रचकर अन्ततः अपनी संगिनी और नौकरी दोनों से हाथ धो बैठने की स्थिति में आ जाता है। पर वह अन्त तक अपने झूठ को झूठ मानने को तैयार नहीं होता। यहाँ तक कि अन्त में वह सोचता है कि इस सारे घटना प्रपंच में से गुजरकर यन्त्रणा झेलना ही एक भ्रम था। घटनाओं को वह अपने द्वारा रचा हुआ मान रहा था, वे दरअसल उसकी रची हुई न होकर उसके ऊपर बाहर से थोप दी गई थीं।

इस कहानी में वस्तु जगत् जैसा ऊपर ऊपर से नज़र आता है, उसका नकार है। वेदान्त की भाषा में यह प्रातिभासिक सत्ता का नकार है। पूरी कहानी अन्ततः एक अपह्नुति है।

अपह्नुति के जो छह भेद अप्पय दीक्षित ने कुवलयानन्द में बताए हैं, उनमें से एक छेकापह्नुति है। छेकापह्नुति में किसी गोपनीय बात को श्लिष्ट अर्थ में बताता हुआ वक्ता अन्त में उसे पलटकर अन्य पर लागू कर देता है। यह भ्रान्तापह्नुति का विलोम है। अमीर खुसरो ने हिन्दी में मुरकियाँ लिखीं। इनमें भ्रान्तापह्नुति या छेकापह्नुति का प्रयोग किया गया है। इन दोनों अपह्नुतियों में वर्णन इस तरह से किया जाता है कि सुननेवाला निश्चय पर पहुँचने लगता है कि यह वर्णन 'क' का है, पर अन्तिम पंक्ति पर पहुँचकर कवि बताता है कि यह सारी बात 'क' के लिए नहीं 'ख' के लिए कही जा रही थी। भारतेन्दु ने भी भ्रान्तापह्नुति खुसरो की शैली में लिखी हैं।

भीतर-भीतर सब रस चूसै।
बाहर से तन-मन-धन मूसै।

जाहिर बातन में अति तेज।
क्यों सखि साजन, नहिं अंगरेज॥
सब गुरुजन को बुरौ बतावै।
अपनी खिचड़ी अलग पकावै।
भीतर तत्त्व न, झूठौ तेजी
क्यों सखि साजन, नहिं अँगरेजी॥

यहाँ यह बात महत्त्व नहीं रखती कि साजन को प्रकृत माना जाए या अंग्रेज को। महत्त्व उस निषेध का है, जो सत्य की परख के लिए किया गया है।

विषादन अलंकार के बहाने कविता की संरचना पर पुनः एक चर्चा

"पहले की अपेक्षा अब वह और भी विशद् रूप में यह महसूस करने लगा था कि कला में दो तरह का कथ्य होता है, उसका पर्यवसान जुड़वाँ चिन्ताओं में होता है। वह मृत्यु का भी ध्यान करती है, और उसके माध्यम से वह हमेशा जीवन की रचना करती चलती है।"

–(डॉ. ज़िवागो)

संस्कृत के एक सुभाषित में बड़ी विडम्बनाजनक स्थिति का चित्रण करते हुए बताया गया है कि कोई भौंरा साँझ के समय कमल पर बैठा था। कमल के मुरझाने पर वह उसमें कैद हो गया। भौंरा रात भर सोचता रहा कि रात बीतेगी, सबेरा होगा, सूर्य उगेगा और कमल खिल उठेंगे, तो वह आज़ाद हो ही जाएगा। [illegible] पर वह यह सोचता ही रह गया और सबेरा होते-होते एक हाथी ने उस कमलिनी को उखाड़ फेंका जिसमें लगे कमल [illegible] भौंरा कैद था।

रात्रिर्गमिष्यति भविष्यति सुप्रभातं
भास्वानुदेष्यति हसिष्यति पङ्कजश्रीः।
इत्थं विचिन्तयति कोषगते द्विरेफे
हा हन्त हन्त नलिनीं गज उज्जहार॥

यों तो कोई भौंरा इतना कमजोर न होता होगा कि वह मुरझाए कमल की पँखुरियों से बाहर न निकल सके। पर कविता का भौंरा कमल में कैद होकर मर सकता है। भौंरें का कमल के बाहर न आ पाना एक विडम्बना ही है। साहित्यशास्त्र में ऐसी स्थिति को विषादन नामक अलंकार का उदाहरण माना गया है। जैसा सोचा या चाहा वैसा न हो सका–इस तरह के निरूपण में विषादन होता है। जयदेव ने विषादन का यही लक्षण किया है–"इष्यमाणविरुद्धार्थसम्प्राप्ति।"

जो चाहा था, वह न मिल सका–इस अनुभव के लिए भी एक साक्षी अपेक्षित है। कमल में कैद जिस भौंरे को हाथी ने कमलिनी समेत उखाड़ फेंका, वह तो

इस सर्वनाश का साक्षी हो नहीं सकता। उसकी 'इष्यमाणविरुद्धार्थसम्प्राप्ति' का साक्षी कवि ही है, जो इस घटना का बयान करता है। इस कवि को भी कमल के सौन्दर्य तथा रस और भौंरे के जीवन से लगाव था ही। इस लगाव के साथ वह विषादन अलंकार रचने के लिए इस प्रसंग का साक्ष्य देता है।

विषादन अलंकार का निरूपण कम आचार्यों ने किया है। मेरी जानकारी के अनुसार चन्द्रालोककार जयदेव के पहले इसका नाम किसी ने नहीं लिया और जयदेव के बाद संस्कृत काव्यशास्त्र के जिन छह महत्त्वपूर्ण आचार्यों (अप्पय दीक्षित, पंडितराज, चिरंजीव, भट्ट देवशंकर, विश्वेश्वर, और श्रीकृष्ण ब्रह्मतन्त्र) ने विषादन को अलग से अलंकार बताया है, वे सभी सत्रहवीं शताब्दी या उसके बाद के हैं। यह भी बड़ी रोचक बात है कि जयदेव से लगाकर ब्रह्मतन्त्र तक सातों आचार्यों की विषादन की परिभाषा में कोई अन्तर नहीं है। यह तो अलंकारशास्त्र के इतिहास में अपने आप में बड़ी विषम या असम्भाव्य स्थिति है कि इतने सारे आचार्य एक अलंकार के लक्षण पर पूरी तरह सहमत हैं। ऐसा कम ही हुआ है। इन सभी आचार्यों ने विषादन के लक्षण–"इष्यमाणविरुद्धार्थसम्प्राप्ति" को प्रायः जस का तस दोहरा दिया है। जैसे वे एकमत हों कि कविता अब यह बताएगी कि हम जैसा सोच रहे थे, वैसा नहीं हुआ है।

विषादन नाम अपने आप में स्यापा करने या छाती कूटने जैसी स्थिति को ध्वनित करता है। यदि जयदेव इस अलंकार की परिकल्पना करनेवाले पहले आचार्य हैं, तो कहना मुश्किल है कि इस अलंकार का लक्षण करते समय विषादन जैसे नाम के हतप्रभ कर देनेवाले दूसरे अर्थ की ओर ध्यान दिया था या नहीं। विषादन का अर्थ विषाद करने के अलावा जहर खा लेना भी है।

कविता में विषादन अलंकार की चर्चा करनेवाले आचार्यों में शाहजहाँ के समकालीन तथा प्रखर काव्यशास्त्री और सरस कवि पंडितराज जगन्नाथ हैं। जीवन के आखिरी पड़ाव पर पहुँचते हुए उन्होंने अपने आश्रयदाता को उसी के बेटे के द्वारा कैद किया जाता और अपने परम सखा दारा को बेरहमी से मारे जाते देखा होगा। पंडितराज के कुछ पहले रहीम लिख चुके थे–

सर सूखैं पंछी उड़ैं दूजे सरहिं समाहिं।
दीन मीन बिनु पच्छ के कहु रहीम कहँ जाहिं॥

यह दोहा भी विषादन अलंकार की व्यंजना का उदाहरण है। पंडितराज ने इस दोहे का लगभग रूपान्तर करते हुए एक मर्मस्पर्शी श्लोक लिखा और इस तरह की और भी अन्योक्तियाँ रचीं, जिनमें सूखते सरोवर में हंसों की दुर्गति जैसे चित्र थे।

क्या कोई एक पूरा का पूरा प्रबन्ध (महाकाव्य, उपन्यास या नाटक आदि) विषादन अलंकार का उदाहरण हो सकता है? इस सवाल के विमर्श में मेरे मन में तीन महान् रचनाओं के नाम उभरते हैं—कालिदास का *रघुवंश*, बाणभट्ट का *हर्षचरित* और बोरिस पास्तरनाक का *डॉ. ज़िवागो*।

निस्सन्देह रघुवंश एक महान् वंश है। कालिदास अपने महाकाव्य का आरम्भ भी उसके एक परम तेजस्वी राजा दिलीप के आख्यान से करते हैं। पर दिलीप से ही क्यों? दिलीप ऐसे शिखर हैं, जिनके बाद इस महान् वंश के ग्राफ को नीचे जाता हुआ और फिर ऊपर आकर फिर नीचे जाता हुआ दिखाया जा सकता है। दिलीप के पुत्र रघु और भी प्रतापी थे। पर उनके वानप्रस्थ हो जाने पर उनके बेटे अज अपनी पत्नी के असामयिक निधन का आघात न झेल सके और विलाप करते-करते समाप्त हो गए। दशरथ ने मृगया के चस्के में अपने पाँवों पर कुल्हाड़ी मार ही ली। राम के चरित्र का अवसान वैदेहीवनवास की हृदय-विदारक घटना के साथ हुआ। उनके बेटे कुश अयोध्या से अपनी राजधानी कुशावती में ले गए, तो अयोध्या एक परित्यक्ता स्त्री की भाँति बिलखती रही। दर्शन माँगती प्रजा को झरोखे से पाँव बाहर निकालकर पाँव के द्वारा दर्शन देनेवाले घोर विलासी राजा अग्निवर्ण का चरित्र इस महाकाव्य में अन्तिम है। निस्सन्तान राजा अग्निवर्ण की क्षयरोग के कारण मृत्यु के वर्णन के साथ महाकाव्य समाप्त हो जाता है। यदि *रघुवंश* के अन्तिम पद्य को निकाल दें, तो यहाँ अवसान में विषादन अलंकार ही अव्याहत बनकर प्रकट होता है। अन्तिम श्लोक में कहा गया है कि मन्त्रियों ने अग्निवर्ण की गर्भवती रानी को सिंहासन पर बिठाकर उसी का अभिषेक कर दिया और वह रानी अपने पति का राज्य विधिवत् अव्याहत आज्ञा वाली बनकर चलाती रही—राज्ञी स्वयं विधिवदशिषद् भर्तुरव्याहताज्ञा—यह महाकाव्य की अन्तिम पंक्ति है। इस पंक्ति में आकर कालिदास अब तक विषादन अलंकार की अव्याहत उपस्थित की झाड़-पोंछ कर यह बताते प्रतीत होते हैं कि इतना सब होने पर भी कोई अन्तर नहीं पड़ा। अपने महाकाव्य को इस पराकाष्ठा पर पहुँचाकर उत्थान के पश्चात् पतन और पतन में अन्तर्निहित सृजन की निर्बाध धारा का दिग्दर्शन ही वे कराना चाहते थे, जो करा दिया। विषादन अलंकार को अलग ढकेलकर यहाँ अन्त में एक अलग तरह का अलंकार बन जाता है। इसे क्या अविषादन कहा जाए? कालिदास भवभूति की तरह वेदना, टीस और कचोट के कवि नहीं हैं। विषादन अलंकार वेदना, टीस और कचोट पैदा करता है। रघुवंश और मेघदूत में विषादन लगातार चलता तो है, पर उसे बार-बार दबाकर निर्ममता और अविषाद अपना एक अलंकार बना लेते हैं। अतएव विषादन उनकी रचना में अंगी अलंकार

नहीं बनता, अंग बनकर रहता है।

अग्निवर्ण के शृंगार और रागरंग का वर्णन अत्यधिक उत्तेजक लगता है। पर अत्यधिक भोग-विलास के कारण अग्निवर्ण क्षय से ग्रस्त हो जाता है, जो सारी वंश परम्परा में छिपे क्षय के बीज सामने आ जाते हैं। कालिदास उसके क्षयग्रस्त होने की स्थिति का यह चित्र एक अविषाद के कवि होकर ही खींच सकते थे–

तस्य पाण्डुवदनाऽल्पभूषणा सावलम्बगमना मृदुस्वना।
राजयक्ष्मपरिहानिराययौ कामयानसमवस्थया तुलाम्॥

अर्थात् उस राजा के क्षयग्रस्त हो जाने से अन्तर ही क्या पड़ा? वह तो पहले जब स्वस्थ था तब भी लगातार रमण और रति के कारण पीले चेहरेवाला ही दिखता था, अब रोग के कारण उसका मुख पीला है; पहले वह सम्भोगरत रहने के कारण अधिक आभूषण नहीं पहनता था, अब रोग के कारण उसकी देह पर अल्प आभूषण हैं। पहले वह विलासरत रहने से सुन्दरियों के कन्धों पर हाथ रखकर चलता था, अब दुर्बलता के कारण वैसा करता है। पहले भी वह गुपचुप प्रणय के चक्कर में फुसफुसाकर बोला करता था, अब अशक्ति के कारण फुसफुसाकर बोलता है।

एक महान् वंश के क्षय के इस निरूपण में विषादन अलंकार अनुस्यूत है, पर उसकी अपेक्षा अव्यग्रता का भाव अधिक प्रधान है। अनेक महान् राजाओं के अवसान का चित्रण होने पर भी रघुवंश मरण का काव्य नहीं है।

हर्षचरित का आरम्भ ब्रह्मा की सभा में सरस्वती की हँसी से होता है। सरस्वती दुर्वासा के अशुद्ध सामगायन पर हँस पड़ी थीं। दुर्वासा ने उन्हें शाप दे डाला। एक शुभ्र निष्पाप मुग्ध हँसी का दारुण परिणाम हुआ। फिर भी सरस्वती अपनी सखी गायत्री के साथ मर्त्यलोक में उतरती हैं, तो वे यहाँ के सौन्दर्य पर मुग्ध हो जाती हैं और सोचती हैं कि यह लोक तो सारे लोकों से बढ़ा-चढ़ा है– ''मर्त्यलोकः खलु सर्वलोकानामुपरि।'' हर्षचरित में विषादन अलंकार है, पर मर्त्यलोक के सौन्दर्य के लिए यह गहरा राग भी है। बाण की अपनी आपबीती में विषादन के साथ वह निरन्तर बना हुआ है। बाण की माता का निधन उनके जन्म के कुछ समय बाद ही हो गया। इनके पिता ने उनको पाला। पर वे भी उस समय चल बसे जब बाण चौदह वर्ष के थे। ये बाण अपनी आपबीती बताकर हर्ष की जीवनी लिखना आरम्भ करते हैं। हर्ष की भी जीवनी वे वहीं तक लिखते हैं, जहाँ तक विषादन और उसके साथ चली आ रही जीवन के प्रति संसक्ति है। हर्ष की स्वयं की जीवनरेखाएँ बाणभट्ट के जीवन से कहीं-न-कहीं बहुत समान

हैं। प्रभाकरवर्धन अपने बेटों–राज्यवर्धन और हर्षवर्धन–को किशोरावस्था में ही छोड़कर दिवंगत हो जाते हैं। राज्यवर्धन की छल से निर्मम हत्या के बाद हर्ष पर सारे राज्य का दायित्व आ पड़ता है। हर्ष की कथा को बाण वहीं तक ले जा पाते हैं, जहाँ हर्ष चिता में जलने जा रही अपनी विधवा बहिन को ऐन वक्त पर पहुँचकर बचा लेते हैं। इसके आगे हर्ष की कथा में जैसे उनके लिए कहने लायक कुछ शेष नहीं है। जो शेष है, वह बहिन के और अपने जीवन का गहरा विषाद, और सारे उलटफेर तथा जैसा चाहा था वैसा न हो पाने के दारुण बोध के साथ जीते जाने की उतनी ही गहरी इच्छा।

रघुवंश और हर्षचरित की इस मीमांसा से यह भी लगता है कि विषादन अलंकार किसी पूरी रचना में अनुस्यूत हो सकता है, पर उसकी सार्थकता तभी है जब वह कवि या रचनाकार की गहरी जिजीविषा से जन्म ले।

पास्तरनाक के डॉ. जिवागो में आद्यान्त विषादन अलंकार अन्तर्निहित है। इस उपन्यास का आरम्भ ही श्रीमती ज़िवागो (नायक की माँ) की शवयात्रा से होता है। पति से परित्यक्ता श्रीमती ज़िवागो का क्षय रोग से अल्पायु में ही निधन हो गया। इसी प्रसंग में मृतका का दस वर्षीय पुत्र यूरी एंड्रेयेविच् ज़िवागो अपनी माँ के कफन के ऊपर चढ़ाए गए मिट्टी के ढेर पर चढ़कर खड़ा हो जाता है। शवयात्रा की मनःस्थिति में लोग सोचते हैं कि बच्चा अपनी माँ की मृत्यु पर शोक-भाषण करना चाहता है। पर बच्चा हतप्रभ और किंकर्तव्यविमूढ़ है। वह अचानक फफक-फफककर रो पड़ता है।

इस प्रसंग के कुछ बाद ही यूरी एंड्रेयेविच् के पिता की करुण आत्महत्या का प्रसंग है। उसके बाद रूस में क्रान्ति होती है। सब उलफटेर हो जाता है। पास्तरनाक इस उलटफेर का स्यापा करते हैं।

शाकुन्तल और डॉ. ज़िवागो दोनों में प्रेम वेदना और विषाद को जन्म देता है। शकुन्तला एक मुग्धा (भोली) किशोरी है। दुष्यन्त प्रौढ़ वयस् का परिपक्व व्यक्ति है। शकुन्तला उसके प्रेम में पड़कर आतंकित और विषादग्रस्त होती है। डॉ. ज़िवागो में लारा स्कूल की छात्रा है। कोमारोव्स्की उसके पिता की आयु का है। लारा के साथ उसका सम्बन्ध प्रेम का आनन्द कम विसंगति और विषाद अधिक उत्पन्न करता है। दुष्यन्त जिस तरह सम्राट् और प्रभुत्वशाली है, कोमारोव्स्की यहाँ ऐश्वर्यशाली है, लारा शकुन्तला की तरह पितृहीन और लगभग अनाथ है। दुष्यन्त के द्वारा ठुकराई जाने पर शकुन्तला कामना करती है कि धरती फट जाए और वह उसमें समा जाए। कोमारोव्स्की की प्रवंचना के कारण विषाद की चरमस्थिति में चर्च में प्रार्थना करती हुई लारा की मनःस्थिति ऐसी ही है–

> *...she went to pray with such a heavy heart that she felt as if at any moment the earth might open at her feet and the vaulted ceiling of the church cave in. And it would serve her right. It would put an end to the whole thing.*

यूरी एंड्रेयेविच् (ज़िवागो) उपन्यास के चौथे अध्याय में फिर एक बार श्मशान में जाता है। अब की बार शवयात्रा उसकी मंगेतर तान्या की माँ की है।

बाहर सड़कों पर क्रान्ति हो रही है। बोल्शेविक वीर जार के केडेटों से जूझ रहे हैं। पास्तरनाक के नायक ज़िवागो का बेटा साशा बहुत बीमार है। वह उसके लिए दवा लेने बाहर नहीं जा सकता। पास्तरनाक के उपन्यास का नायक एक महान् क्रान्ति में शामिल नहीं है, वह क्रान्ति के लपेटे में जबरदस्ती घसीट लिया जाता है। पर वह इतिहास के बनने का साक्षी बनकर रहता है। बोल्शेविक सेना उसका अपहरण कर लेती है, वह दो साल एक बदमिजाज संवेदनशून्य बन चुके अफसर लाइबेरियस के साथ रहने पर मजबूर होता है। उसे लड़ाई में भी शामिल होना पड़ता है। लड़ाई में ज़िवागो की ही गोली खाकर क्रान्तिविरोधियों की सेना का एक युवक बेहाश पड़ा है। ज़िवागो अपने एक साथी को विश्वास में लेकर युद्ध में मारे जा चुके अपने एक और साथी के कपड़ों से इस युवक के कपड़ों की अदला-बदली करके उसे अपने कैम्प में ले आता है, और उसकी प्राणरक्षा करता है। जान बच जाने के बाद वह युवक फिर अपनी क्रान्तिविरोधी सेना में ही लौट जाता है। क्रान्ति जिस उलटफेर को जन्म देती है, उसमें विचित्र घालमेल की कई स्थितियाँ एक के बाद एक नायक ज़िवागो के अनुभव में आई हैं। गाँवों के लोग जान बचाने के फेर में कभी लाल कुर्तीवालों के साथ हो जाते हैं, कभी ज़ार के सिपाहियों के साथ। मध्यवर्ग और निम्नमध्यवर्ग के जो कल तक खाते-पीते लोग थे, वे भुखमरी और तबाही के कगार पर पहुँच जाते हैं।

कई दिनों की भुखमरी के बाद एक शासकीय आर्थिक परिषद् में सलाहकार का काम करने पर ज़िवागो और उसके ससुर को स्टोर से सामान की पर्चियाँ मिलती हैं। स्टोर से उन्हें रसद और अन्य ज़रूरी सामान अप्रत्याशित रूप से इतनी अधिक मात्रा में मिल जाता है कि ज़िवागो को लगता है उसका जीना अकारथ नहीं है, समाज में उसका उपयोग है। वह अपने आपको क्रान्ति के स्वप्न में भी कहीं शामिल पाता है। लेकिन बाद में वह पाता है कि बोल्शेविक क्रान्तिकारी स्वयं क्रान्ति से जन्मी विसंगतियों और असफलताओं को स्वीकार कर रहे हैं। उसके

लिए यह एक 'विसंगत दुःस्वप्न' है। लारा का पति छद्मनाम से सेना में अफसर बनकर क्रान्ति में शरीक होता है। लारा स्वयं क्रान्ति में शामिल है। वह अपने पति के लिए कहती है–"ऐसे समय में एक क्रान्तिकारी के लिए बीवी क्या चीज है? उसके लिए तो दुनिया के कामगार और दुनिया के बदलने की बात ही अहमियत रखती है। पर बीवी तो उनके लिए एक मक्खी या कीड़े-मकोड़े के बराबर है!" अपनी बीवी को बेइन्तहा प्यार करनेवाला क्रान्तिकारी उसके सामने पड़ने पर उसे पहचानकर भी अनदेखा करता है। ऐसे क्रान्तिकारी पर झूठे इल्जाम लगते हैं, और वह अपनी ही सेना के लोगों से भागकर छिपता फिरता है। अन्त में वह अपने आपको गोली मार लेता है। एक उपन्यास के रूप में 'डॉ. ज़िवागो' का यह साक्ष्य अधूरा हो सकता है, पर ग़लत नहीं।

अन्य बड़े रचनाकारों की तरह पास्तरनाक भी अपने समय के इतिहास के साक्षी बनकर कथा को रचते हैं। दरअसल साक्षी होना विषादन अलंकार की भित्ति है, नहीं तो अलंकार नहीं बनेगा। केवल विकट स्थिति में हाय-तौबा करने से विषादन अलंकार नहीं रचा जा सकता। पास्तरनाक जिस स्तर पर साक्षीभाव को धारण करके विषादन अलंकार रच ले जाते हैं, उतने स्तर तक वे सिद्ध कथाकार हैं। *डॉ. ज़िवागो* मरण, विसंगति और विषादन की एक अद्‌भुत कविता है। फिर भी यह मात्र मरण का काव्य नहीं है। यह जीवन का ही काव्य है। दरअसल पास्तरनाक जीवन और जगत् के सौन्दर्य तथा अपने देश रूस से बेइन्तहा प्यार करते हैं। यह प्रेम ही है, जो डॉ. ज़िवागो को एक महान् रचना बनाता है और उसे विसंगत या ऊलजलूल कृति होने से बचा लेता है।

रघुवंश, हर्षचरित और डॉ. ज़िवागो इन तीनों में विषादन अलंकार के कारण जो संरचना बनती है, उसके बीच में जीवन और जगत् के प्रति गहरा अनुराग है। यह सत्य है कि रघुवंश से अधिक आवेग और विषादाकुलता हर्षचरित में है, और हर्षचरित से भी अधिक डॉ. ज़िवागो में। यह भी सत्य है कि रघुवंश के नायक जीवन की सारी जटिलता के बीच सहज होकर रहते हैं, यह सहजता उसके दुख और व्यथा के भाव को कम करती है। हर्षचरित के पात्र जटिलतर समय में अधिक जटिल जीवन जीने को बाध्य हैं। और डॉ. जिवागो के पात्र इस सहस्राब्दी के सबसे जटिल समय में सबसे कठिन परीक्षाओं से गुजरने को बाध्य हैं। इन तीनों में, विशेषकर हर्षचरित और डॉ. ज़िवागो में विषादन अलंकार भी उतनी ही जटिल काव्यसंरचना से बनता है। इस संरचना के मूल में तीन मुख्य उत्पादन हैं–जीवन और जगत् के प्रति अनन्य अनुराग, अपने अतीत और वर्तमान के गहरे अध्ययन के साथ भविष्य पर दृष्टि तथा सत्य के वरण का संकल्प और साहस। ये तीनों

उपादान रघुवंश, हर्षचरित और डॉ. ज़िवागो में विषादन अलंकार की संरचना बनाते हैं। रघुवंश में जीवन और जगत् के प्रति अनुराग संयत और मर्यादाबोध से युक्त है, डॉ. ज़िवागो में वहाँ एक रागाकुल और भावाविष्ट मनोदशा से आच्छन्न है। इस भावावेश और रागाकुलता ने डॉ. ज़िवागो को विषादन का जो सौन्दर्य दिया है, वह अनन्य ही है। रघुवंश, हर्षचरित और डॉ. ज़िवागो के कवि अपने अध्ययन के द्वारा अपने समय के अन्तर्विरोधों की पहचान भी करते हैं। फिर वे संकल्प और साहस के द्वारा अपने परीक्षित सत्य को व्यक्त करते हैं। सत्य के कई चेहरे इस प्रक्रिया और इस संरचना में उघड़ते हैं। इसलिए इन तीनों रचनाओं में विषादन अलंकार एकाकी नहीं आया है, वह अपने समूह के अन्य विरोधमूलक अलंकारों–विरोध, असंगति और विषम आदि का पुंज समेटकर रचना में आवर्त-विवर्त रचता है। इस तरह की संरचना हिन्दी की अपेक्षाकृत आधुनिक कृति में देखना हो, तो सुरेन्द्र वर्मा का उपन्यास 'मुझे चाँद चाहिए' भी इसका एक सीमा तक उदाहरण कहा जा सकता है। सीमा यही है कि सत्य को उघाड़ने के संकल्प और साहस को वहाँ अंशतः ग्लैमरबुद्धि ने आच्छन्न कर दिया है और इस ग्लैमरबुद्धि से उपन्यास का साक्षीभाव जगह-जगह टूट गया है; अन्यथा जीवन और जगत् के प्रति असाधारण अनुराग, अपने समय का अध्ययन और साहस वहाँ भी विषादन की जटिल संरचना बनाते हैं।

इस लेख के आरम्भ में उद्धृत सुभाषित का भौंरा एक नई भोर की प्रत्याशा के साथ प्राण गँवा देता है। पास्तरनाक के उपन्यास का नायक ज़िवागो भी इसी तरह का भौंरा है। वह सौन्दर्य और प्रेम के कमल में बन्द हो जाता है। अन्त में अल्पायु में ज़िवागो तिल-तिल कर के मरता है। उसके मरण की प्रक्रिया में हम उसकी गहरी जिजीविषा को पहचानते हैं। मरते दोनों हैं, पर न तो सुभाषित के भौंरे की नई भोर की प्रत्याशा मरी है, न ज़िवागो की।

भयानक खबर की कविता

कविता क्या सदैव मनुष्य को प्रफुल्लित करती रह सकती है? कविता उसे चिन्तित, आशंकित और आतंकित भी तो करती है। पर यह चिन्ता, आशंका और आतंक उसके भीतर के विचारशील मनुष्य को जाग्रत करने के लिए ही होते हैं। कीर्केगार्द ने कहा था कि केवल मूढ़ ही प्रफुल्लित रह सकते हैं। विरोध, असंगति, अपह्नुति, विषादन आदि विरोधमूलक या भावमूलक अलंकार अपने कथ्य में कोई ऐसी खबर प्रस्तुत नहीं करते जिस पर प्रफुल्लित हुआ जा सके। इन अलंकारों की संरचना में मूलतः दुःखानुवेध है। यह संरचना अपने आप में विसंगत, विपर्ययग्रस्त या विषादोपहत नहीं हुआ करती, वह विसंगति, विपर्यय या विषाद का बोध कराती है और उसका सामना करने के लिए प्रवृत्त करती है।

मुद्राराक्षस के नाटक *मरजीवा* में अपनी खस्ता हालत में तंग दम्पति आत्महत्या का निश्चय करते हैं। आदर्श अपने विक्षिप्त पिता को नींद की गोलियाँ खिलाकर पत्नी भूमि के साथ स्वयं भी गोलियाँ खा लेता है। पर जहर नकली होने से वे दोनों बच जाते हैं। फिर प्लास्टिक की थैली मुँह पर बाँधकर आदर्श अपनी पत्नी की हत्या कर देता है और स्वयं को बिजली के करंट से मारने का प्रयास करता है। पर फ्यूज उड़ जाने से उसका प्रयास असफल होता है। वह पिता और पत्नी की हत्या की रिपोर्ट दर्ज कराने थाने पहुँचता है। उसी समय मन्त्रिपद से बर्खास्त किया गया शिवराज गन्धे थाने पहुँचता है। वह अपने प्रतिद्वन्द्वी पाटिल को बदनाम करने और मन्त्रिपद से हटाने के लिए आदर्श का उपयोग करना चाहता है। पुलिस अफसर और गन्धे आदर्श से आग्रह करते हैं कि वह 'पारस मुर्दाबाद' के नारे लगाते हुए अपने ऊपर पेट्रोल छिड़ककर बीच बाजार में आत्महत्या करे। आदर्श इससे इनकार करता है, तब वे उसे बाजार में ले जाकर स्वयं उस पर पेट्रोल छिड़ककर आग लगा देते हैं।

नाटक का नायक जब अपनी कीमत पर मरना चाहता था, तो मर न सका। जब उसने दूसरों की शर्त पर मरने से इनकार किया, तो उसे मरना पड़ा। आदमी शिकार बन गया है, परिस्थितियों या भाग्य का नहीं, अपने ही समानान्तर एक

दुनिया का। शिकार बने हुए आदमी का इस दुनिया से मेल नहीं है। इस नाटक में दो दुनियाओं के बीच की विषमता प्रस्तुत की गई है, एक आदर्श, उसकी पत्नी और उसके माता-पिता की दुनिया है, एक शिवराज गन्धे और पुलिस अफसर की। आदर्श जो चाहता था वह नहीं हो पाता, क्योंकि उसकी आकांक्षाएँ दूसरी दुनिया के आगे फल नहीं सकतीं।

जो चाहा गया था, वह यहाँ नहीं हो सका। फिर भी मरजीवा विषादन का नाटक नहीं है। उसमें विरूप कार्योत्पत्ति होती है, दो तरह की दुनियाओं के बीच विषमता के बोध का आग्रह उभरता है।

कालिदास के 'अभिज्ञानशाकुन्तल' नाटक की शुरुआत शिकार के प्रसंग से होती है। राजा दुष्यन्त वन में हरिण का पीछा करता हुआ रथ पर भागा चला जा रहा है। जब वह हरिण पर बाण छोड़ने को होता है, तो आश्रम के तपस्वी उसके बाण के आगे हरिण को छेंककर खड़े हो जाते हैं और कहते हैं कि राजाओं के हथियार दुखियों की रक्षा करने के लिए होते हैं, निरपराधों पर प्रहार करने के लिए नहीं! राजा उसकी बात मानकर बाण वापस ले लेता है और आश्रम में भीतर जाता है, वहाँ शकुन्तला को देखकर उसके भीतर का शिकारी फिर जाग उठता है। अब शकुन्तला उसके लिए एक हरिण बन जाती है।

राजा रक्षक न होकर एक शिकारी हो गया है। यह एक विषम स्थिति है।

अलंकारशास्त्र में ऐसी स्थितियों के निरूपण को विषम अलंकार कहा गया है। विषम अलंकार असंगति और विरोध से मिलता-जुलता अलंकार है, जिनकी चर्चा पिछले अध्यायों में की गई है। असंगति की तरह यह कारण-कार्य के सिद्धान्त के टूट जाने पर होता है। चन्दन से जलन होने लगे और आग से ठंडक तो यह विषम अलंकार की स्थिति बन जाती है। रुय्यक आदि आलंकारिकों ने विरूपकार्योत्पत्ति, अनर्थप्राप्ति तथा अत्यन्त अननुरूप या विरूप संघटना—मुख्य रूप से ये तीन विषम अलंकार के प्रकार माने हैं। विषम अलंकार की मुख्य पहचान चीजों के बेमेल होने के अनुभव की अभिव्यक्ति है। संसार में जो कुछ बेमेल है, उसकी पहचान का प्रक्रम भी विषम अलंकार से ही होता है। विषम ऐसे विरोध को भी सत्यापित करता है, जिसका परिहार या समाधान नहीं मिल पाता। विरोध अलंकार में विरोध का समाधान मिल भी जाता है, पर विषम में नहीं।

मम्मट ने विरोध के भेदों में जिस तरह विरोध के एक विश्व को समेट लिया है, उसी तरह विषम के भेदों में संसार की सारी विषमता को वे समेट लेते हैं। विषम के चार भेद उन्होंने काव्यप्रकाश में बताए—अत्यन्त विलक्षणता के कारण दो वस्तुओं का सम्बन्ध स्थापित न हो सके, दूसरा—न केवल काम करनेवाले को

अपने काम का फल न मिलना, वरन् उलटे अनर्थ की प्राप्ति हो जाना, तीसरा–कार्य की क्रिया से कारण की क्रिया का विपरीत होना तथा चौथा–कार्य के गुण से कारण के गुणों का विपरीत होना।

जयदेव ने विषम अलंकार का लक्षण माना है–ऐसी अनेक वस्तुओं का परस्पर अन्वय या सम्बन्ध जिनमें सम्बन्ध अनुचित हो। जैसे–क्वातितीव्रविषाः सर्पाः क्वासौ चन्दनभूरुहः। –कहाँ तो जहरीले नाग और कहाँ चन्दन का पेड़ ! पर चन्दन के पेड़ से जहरीले नागों का सम्बन्ध है, जिसे कवि विषमता के बोध के साथ कहता है। रघुवंश का आरम्भ ऐसे सम्बन्ध के निरूपण से कालिदास ने किया है–क्वसूर्यप्रभवो वंशः क्व चाल्पविषया मतिः।–कहाँ सूर्य से जन्मा वंश और कहाँ मेरी छोटी बुद्धि? असंगति में जिन्हें साथ होना था, वे अलग-अलग स्थानों पर होती चित्रित की जाती हैं, विषम में जिन्हें अलग-अलग होना था, वे साथ रहते चित्रित किए जाते हैं–यह दोनों में अन्तर है। यह चित्रण वास्तविकता को सामने लाने के लिए किया जाता है, इसलिए रुद्रट ने इसे वास्तवमूलक अलंकारों में भी परिगणित किया है।

सारे विरोधमूलक अलंकार कविता में विशिष्ट संरचना के द्वारा यथार्थ को प्रस्तुत करते हैं और आज के साहित्य में वे कृतियाँ जो इस यथार्थ के बोध के साथ हमारे समय की भयानक खबर देती हैं, विषम अलंकार के उदाहरण भी बनती हैं। विषम अलंकार भयानक समाचार की निर्मम होकर जाँच करने की शैली से बनता है। विषादन अलंकार की तरह वेदना के अनुभव में यह चुकता नहीं है।

'अभिज्ञानशाकुन्तल' नाटक आदि से अन्त तक तीनों ही प्रकार के विषम का अनवरत चित्र उकेरता चला गया है। दुष्यन्त का शकुन्तला के प्रति आकर्षित होना अपने आप में विषम का ही उदाहरण है, क्योंकि कहाँ हस्तिनापुर का चक्रवर्ती सम्राट् और कहाँ आश्रम में पली भोली-भाली किशोरी–यह अतार्किकता नाटक के पहले तीन अंकों में बार-बार ध्वनित होती है। राजा को आश्रम के लोगों की रक्षा करनी चाहिए थी, वह उलटे वहाँ असुरक्षा पैदा कर रहा है। जब राजा शकुन्तला की सखियों से ठिठोली में लगा है, पीछे से किसी तपस्वी की तीखी पुकार सुनाई देती है कि यह शिकारी राजा दुष्यन्त यहाँ आ गया है, आश्रम की पावनता को बचाए रखने के लिए एकजुट हो जाओ। जो रक्षा करनेवाला है, उससे अपनी स्वयं की रक्षा करने को तपस्वी या बेचारे लोग सन्नद्ध हो रहे हैं। यह विरूपकार्योत्पत्तिमूलक विषम का फैलाव यहाँ है। पर थोड़ा ही आगे चलकर तपस्वी इस तथाकथित रक्षक (राजा) से अनुरोध करते हैं कि वह कुछ दिन आश्रम के पास रुका रहे जिससे वे राक्षसों की ओर से निश्चिन्त होकर अपना यज्ञ निर्विघ्न

समाप्त कर सकें। राजा यज्ञ की रक्षा के बहाने रुक जाता है, पर शकुन्तला से चोरी-छिपे प्रेम करके आश्रम की मर्यादा को भंग करता है। यहाँ भी विरूपकार्योत्पत्तिमूलक विषम है।

पाँचवें अंक में राजा शकुन्तला को नहीं पहचान पाता और ठुकरा देता है। शकुन्तला एक प्रताड़ित पर गरिमामयी नारी के रूप में यहाँ उसके सामने है। कहाँ यह तेजस्विनी नारी और कहाँ राजधानी के सारे चाकचिक्य के बीच विस्मृति में खोया गाफिल राजा—यह अनुभव भी यहाँ फिर विषम अलंकार का प्रत्यय देता है। शकुन्तला के साथ आया तापस कुमार शांर्गरव चिढ़कर राजा को चुनौती देता हुआ कहता है—"जैसे अपने चोरी किए धन को उसका स्वामी चोर को ही सौंप दे इस तरह तुमने महर्षि की बेटी के साथ अनाचार किया और उन्होंने उदार होकर अपनी बेटी तुम्हीं को सौंपना स्वीकार कर लिया और तुम हो कि उनका फिर अपमान कर रहे हो!"—यहाँ राजा राजा न कहकर चोर हो गया है। शकुन्तला उसे डपटती हुई कहती है—जैसे तुम हो, वैसा ही गिरा हुआ दूसरों को समझ रहे हो। धर्म का लबादा ओढ़े हुए और फूस से ढँके कुएँ की तरह हो तुम, तुम्हारे जैसा आचरण कोई और क्यों करेगा?" फिर हताश होकर रोती हुई वह अपने आपसे कहती है—"मैं कैसे इस राजा के पुरुवंश के भरोसे में आकर स्वच्छन्दचारिणी बना दी गई, क्या पता था कि इसके मुँह में शहद और मन में जहर है!" राजा अपने आपको निर्दोष और शकुन्तला को चालाक बताता चला जाता है, तो शांर्गरव और भी कुपित होकर कहता है—"जिसने जन्म से लगाकर शठता कभी सीखी नहीं, उसकी बात गलत हो गई और जो दूसरों को धोखा देने की विद्या ही सदा से सीखे आए हैं, वे प्रामाणिक हो गए!"

दो समानान्तर दुनियाएँ कालिदास यहाँ आमने-सामने लाकर खड़ी करते हैं। दो दुनियाओं में हो गया उलटफेर भी वे प्रस्तुत करते हैं। राजा राजा न रहा, चोर हो गया। शकुन्तला आश्रम में पली बहुत भोली लड़की थी, उसे इस दृश्य में आकर गाली-ग़लौज करना आ गया। जो जैसा न था, वह वैसा दिखने लगा। वह असंगति और विरोध यहाँ बना हुआ है। आगे के अंक में मछुआरा राजपुरुषों को चुनौती देता हुआ कहता है कि क्या मैं केवल इसलिए चोर हो गया कि मछली काटकर पेट पालता हूँ? श्रोत्रिय जी यज्ञ में पशुओं की बलि चढ़ावा देते हैं, वे फिर भी दयालु ही बने रहते हैं!

विषम अलंकार का आधार दो दुनियाओं का द्वन्द्व है। शाकुन्तल में एक दुनिया निरीह तपस्वियों और मछुआरे की है, एक दुनिया सिंहासन बैठे राजा की और श्रोत्रियों की है। दोनों दुनियाएँ आमने-सामने हैं, उनके बीच की विषमता और

उनका अन्तर हमारे समने है। कालिदास में कहीं-कहीं निरीह तपस्वियों और मछुआरों की दुनिया सत्ताधीशों और मठाधीशों के आगे चुनौती बनकर खड़ी होती भी दिखती है, हालाँकि कालिदास मूलतः चुनौती के कवि नहीं हैं। पर यह सत्य है कि विषम अलंकार कविता में जो संरचना बनाता है, वह किसी-न-किसी स्तर पर चुनौती का वरण करनेवाली कविता की होती है। इस तरह की संरचना का उत्तम उदाहरण संस्कृत कविता में देखना चाहें, तो भर्तृहरि की कविता में वह मिलेगा।

विषम अलंकार का ठीक विलोम सम अलंकार है। इसमें तो दो दुनियाओं की समानता बताई जाती है, पर आचार्यों ने सम और विषम दोनों अलंकारों को विरोधमूलक अलंकारों में ही रखा है। बिना विषमता के बोध के समता की बात भी उठती नहीं है। भर्तृहरि दो दुनियाओं के बीच की समता और विषमता दोनों को बताते हैं और एक के द्वारा दूसरी के आगे खड़ी चुनौती को भी स्पष्ट करते हैं।

विषम अलंकार की कविता फक्कड़ों, सन्तों की वाणी में बनती है। विषमता को रेखांकित करते हुए उसमें उत्प्रास या आधुनिक अर्थ में व्यंग्य की तीखी धार भी बनती है, तो कहीं मनुष्यों को उनकी क्षुद्रता के लिए फटकार भी लगाई जाती है। राजसत्ता पर यह कविता करारी चोट कर सकती है। भर्तृहरि कहते हैं–

न मिटा न विटा न गायका न च सभ्येतरवादचञ्चवः।
नृपमीक्षितुमत्र के वयं कुचभारानमिता न योषितः॥

(हम कोई गवैये नचैये नहीं, हम रंडियों के दलाल भी नहीं। हम फूहड़ बातें करने में माहिर भी नहीं है। फिर राजा के दर्शन पानेवाले हम कौन? हम स्तनों के भार से झुकी स्त्रियाँ भी तो नहीं हैं।)

यहाँ अपह्नुति भी है। पर अपह्नुति अलंकार के प्रचलित उदाहरणों से बहुत हटकर। उपमेय या प्रकृत का निषेध नहीं है, उपमान या जिससे तुलना की जा सकती थी, उसी का प्रखर निषेध है। अपह्नुति के इस भिन्न स्वरूप के साथ विषम अलंकार का सांकर्य इस उक्ति को विशिष्ट बनाता है।

कहाँ हम और कहाँ राजा–इस तरह का भाव एक गहरी वितृष्णा के साथ यहाँ प्रकट किया गया है। विषम अलंकार की भित्ति पर भर्तृहरि एक खास तरह की संरचना यहाँ बनाते हैं। समता और विषमता, वितृष्णा और निःस्पृहता इस संरचना में गुँथकर आते हैं। एक और श्लोक में भर्तृहरि कहते हैं–

त्वं राजा वयमप्युपासितगुरुप्रज्ञाभिमानोन्नताः
ख्यातस्त्वं विभवैर्यशांसि कवयो दिक्षु प्रतन्वन्ति नः।
इत्थं मानद नातिदूरमुभयोरप्यावयोरन्तरं
यद्यस्मासु पराङ्मुखोऽसि वयमप्येकान्ततो निःस्पृहाः॥

(यदि तुम राजा हो, तो हम भी गुरु की उपासना करके प्रज्ञा के अभिमान से ऊँचे बने हुए लोग हैं। तुम अपने वैभव से विख्यात हो, तो हमारे यश कविजन दिशा दिशा में फैला रहे हैं। हे अभिमानी, हममें और तुममें यों अन्तर बहुत अधिक नहीं है। यदि तुम हमसे मुँह मोड़े हुए हो, तो हम भी तुमसे बिलकुल निःस्पृह हैं।)

विरोध, असंगति, विषम और विषादन तथा साधर्म्यमूलक न हो तो अपह्नुति भी–ये सब कार्य-कारणभाव के विपर्यय पर आधारित अलंकार हैं। इनका मूल कथ्य उलटफेर का अनुभव देना है। विषादन का मोटा अन्तर अपनी पाँत के बाकी अलंकारों से यही है कि इसमें दुःखानुभव जिस तरह अनुविद्ध रहता है, शेष तीन अलंकारों में उसकी जगह अपेक्षाकृत निस्संगता का भाव रहता है। विषम और विषादन इन दोनों अलंकारों की खूबी यह भी है कि वे बुरी खबर को ही प्रस्तुत करते हैं। उनके पीछे बोध ट्रेजेडी का होता है।

इन अलंकारों के लिए हमारे काव्यशास्त्र में जगह बहुत पहले से ही थी, न होती तो भास अपना ऊरुभंग नाटक कैसे लिखते? ऊरुभंग ग्रीक ट्रेजेडी ट्रोजन वीमेन की तरह युद्ध में हुए सर्वनाश पर स्यापे का नाटक है। नाट्यशास्त्र के अनुसार यह अंक या उत्सृष्टिकांक कोटि का रूपक है, जिसका लक्षण ही यह किया गया है कि उसमें युद्ध में अपने प्रिय के निधन पर स्त्रियों का विलाप होता है।

विषम अलंकार अपनी पाँत के बाकी अलंकारों से इस अर्थ में भी भिन्न है कि दो चीजों के बीच में सीधे-सीधे द्वन्द्व उसमें बनता है। मुक्तिबोध दो दुनियाओं के अन्तर और द्वन्द्व को विषम अलंकार के द्वारा प्रस्तुत करते हैं।

मैं तुम लोगों से इतना दूर हूँ
तुम्हारी प्रेरणा मेरी प्रेरणा से इतनी भिन्न है
कि जो तुम्हारे लिए विष है, मेरे लिए अन्न है।

(मुक्तिबोध रचनावली, भाग-2, 1985, पृ. 219)

पर इसी विषमता के बीच आदमी सन्ताप की भट्टी में तपता है, और अपने आपको उस सन्ताप से लड़ने के लिए मजबूत बनाता है।

हाँ अँधेर कारखाना यह
जिसकी लाल भड़क बेताब भट्टी में
झोंक खुद ही को रोज
आत्महत्या करता है व्यक्ति
किन्तु वह मरता नहीं
वरन् वह पुनर्जन्म पा

विकसित करता हुआ नया एकदम नया
पेट धड़, सींग पूँछ और पंख
और फिर उड़ता फिरता चलता फिरता
खूब बोलता फिरता
किन्तु द्वन्द्व-स्थिति में स्थापित यह मेरा वज़नदार लोहा
लाल लाल
उन भयंकर अग्निक्रियाओं में
तेज धकेला जाकर
पिघलते हुए दमकते हुए
तेजःपुंज गहन अनुभव का दोहा बनता है।

(वही, पृ. 96)

व्यंग्य, विरोध, मोहभंग और वेदना एक मंच पर

अब तक जितने अलंकारों की चर्चा पिछले अध्यायों में की गई है, वे सब विरोधमूलक अलंकारों की श्रेणी में आते हैं। इन अलंकारों में मोटे तौर पर प्रचलित तर्क, परम्पराप्राप्त संगति और साम्य को नकारकर अधिक गहरे स्तर पर तर्क और संगति की खोज की जाती है। यह खोज मनुष्य और उसके संसार की बेहतर समझ देने के लिए ही होती है। इसलिए रुद्रट ने विरोधमूलक अलंकारों की अलग से कोटि नहीं बनाई, उन्होंने विरोधमूलक अलंकारों को वास्तवमूलक अलंकारों में ही शामिल कर लिया। वास्तव में जितने विरोधमूलक अलंकार हैं, वे वास्तवमूलक भी हैं। वे यथार्थ का भ्रम खड़ा करने के लिए नहीं, यथार्थ को पहचानने के लिए लाए जाते हैं।

विभावना और विशेषोक्ति दोनों विरोधमूलक अलंकारों में प्रचलित तर्क के अनुसार सामान्यतः स्वीकृत कार्य-कारण भाव का उल्लंघन किया जाता है। यह उल्लंघन वास्तविकता की पहचान के लिए होता है।

द्रव्य नहीं कुछ मेरे पास
फिर भी मैं करता हूँ प्यार
रूप नहीं कुछ मेरे पास
फिर भी मैं करता हूँ प्यार
सांसारिक व्यवहार न ज्ञान
फिर भी मैं करता हूँ प्यार
केवल भावुक दीन मलीन
फिर भी मैं करता हूँ प्यार

ये पंक्तियाँ शमशेर की हैं। शमशेर की अनेक कविताओं में उत्प्रेक्षा और साध्यवसाना अतिशयोक्ति के जटिल प्रयोग है। उनकी तुलना में ये पंक्तियाँ अपेक्षाकृत सहज और सीधे अर्थ में यथार्थपरक कही जा सकती हैं। अलंकारशास्त्र के हिसाब से यहाँ विभावना अलंकार माना जा सकता है। जहाँ बिना कारण के कार्य हो जाए वहाँ विभावना अलंकार होता है। पर विभावना भी यहाँ तभी बनेगा

जब हम यह मानकर चलें कि प्रेम वही कर सकता है जिसके पास धन हो, रूप हो और जिसे व्यावहारिक ज्ञान हो तथा जो भावुक न हो। तब धन, रूप, व्यवहारज्ञान और भावुकता का अभाव–इन कारणों के न होने पर भी प्रेम (कार्य) हो रहा है–यह कहकर विभावना की चरितार्थता यहाँ बताई जा सकती है। हम यह मानकर न चलें कि धन, रूप आदि जिसके पास है वही प्रेम कर सकता है, तो विभावना अलंकार यहाँ नहीं बनेगा।

"अपि लाक्षारसासिक्तं रक्तं तच्चरणद्वयम्"–उसके दोनों पाँव बिना महावर लगाए ही लाल हैं–यह विभावना का एक चलताऊ पर मानक उदाहरण है। इसमें हमें पहले यह व्याप्ति (Invariable concomittance) माननी पड़ती है कि महावर लगाने पर ही पाँव लाल रह सकते हैं। तब महावर चरणों के लाल होने का कारण बन जाता है। इस कारण के न होने पर भी पाँवों का लाल होना–कार्य–इस पंक्ति में सिद्ध बताया गया अतः यहाँ विभावना है। पर कवि और पाठक दोनों जानते हैं कि जहाँ-जहाँ महावर लगे, वहाँ-वहाँ पाँव लाल होंगे ऐसी अन्वय व्याप्ति तो बनती है, पर जहाँ महावर न लगे, वहाँ पाँव कभी लाल नहीं होते ऐसी व्यतिरेक व्याप्ति नहीं बन सकती। पाँवों के लाल होने के लिए महावर लगाया जाना ही एकमात्र कारण नहीं है, वह लोकव्यवहार में प्रसिद्ध कारण अवश्य है। कविता में विभावना लोकव्यवहार में प्रसिद्ध व्याप्ति या तर्क को तोड़कर अपना तर्क स्थापित करती है।

शमशेर भी एक लोकप्रचलित तर्क को तोड़कर "द्रव्य नहीं कुछ मेरे पास/फिर भी मैं करता हूँ प्यार" के अपने तर्क को प्रस्तुत करते हैं।

विभावना का ठीक उलटा अलंकार विशेषोक्ति है। कारण के होते हुए भी कार्य न हो, तो विशेषोक्ति अलंकार होता है। संसार की विचित्र गति है। यहाँ परस्पर विरोधी वस्तुएँ एक साथ चलती हैं। इसी तरह जहाँ विभावना होती है, वहाँ प्रच्छन्न रूप से विशेषोक्ति भी रहती है, और इसका व्युत्क्रम भी उतना ही सही है। उपरलिखित पंक्तियों में जिस व्यक्ति के पास द्रव्य नहीं है, प्रचलित या सांसारिक तर्क के तहत उसमें विरक्ति, अनुत्साह और विषाद आ जाना चाहिए। विरक्ति, अनुत्साह आदि का कारण होते हुए भी कार्य नहीं हो रहा–अतः यहाँ विशेषोक्ति भी छिपी है। विरोधमूलक अलंकार किसी भी रचना को दस्तावेज बनाने में कारगर होते हैं। पूरा-का-पूरा 'झूठा सच' उपन्यास विरोधमूलक अलंकारों के ताने-बाने में रचा है इसीलिए वह इस सदी के पहले पाँच दशकों के भारत का अच्छा दस्तावेज बन सका है।

प्रेमचन्द का पूरा 'गोदान' एक विशेषोक्ति है। वहाँ होरी के क्रोध से उबल

पड़ने, विरोध या विद्रोह करने के कारण हैं, पर कार्य नहीं हो रहा है।

असंगति, विरोध, विषम और विषादन जैसे अलंकारों का प्रयोग भी वास्तविकता की पहचान के लिए ही होता है, पर इनके द्वारा कवि उन चीजों की पहचान कराना चाहता है, जो ग़लत हैं। कविता सत् का वरण और असत् के त्याग की ओर प्रवृत्त करती है। यह प्रवृत्ति अच्छे-बुरे की पहचान कराकर ही हो सकती है।

असंगति, विरोध या विषमता का निरूपण रचना की संघटना को संगति और सामंजस्य का निरूपण करनेवाली रचना से अलग तेवर देता है। ऐसी रचना में आधुनिक अर्थ में व्यंग्य की धार आ जाती है। व्यंग्य शब्द का प्रयोग satire के अर्थ में इसी परम्परा में हुआ है। (बाद में काव्यशास्त्र में ध्वनिवादियों ने इस शब्द को व्यंजनावृत्ति से जाने गए अभिप्राय में ही सीमित कर दिया)। भरतमुनि के नाट्यशास्त्र के अन्तिम अध्याय में नाट्य के भू-लोक में अवतरण की कथा आती है। भरत के सौ पुत्र या शिष्य थे। ये हिमालय के क्षेत्र में भरत मुनि के निर्देश से अपने नाटक दिखाया करते थे। धीरे-धीरे देवताओं और असुरों के युद्ध आदि के महान् कथानकों पर आधारित नाटकों के स्थान पर ये शिष्यगण नए प्रयोग करने लगे। वे नाट्य के रूप में ऐसे प्रहसन दिखाने लगे, जिनसे सारे लोगों को अड़चन महसूस होती थी। इन प्रयोगों को ग्राम्यधर्म वाले या गँवारू शिल्पक कहा गया है। शिल्पक को बाद के नाट्यशास्त्र के आचार्यों ने उपरूपकों के अन्तर्गत परिभाषित किया है। अस्तु भरत मुनि कहते हैं कि ग्राम्यधर्म वाले इन शिल्पकों में हिमालय पर रहनेवाले ऋषियों पर व्यंग्य रहता था। यह प्रयोग अश्राव्य (जिसे सुनना बुरा लगे), दुराचार, निष्ठुर और अप्रस्तुत (अप्रत्यक्ष रूप से सामने बैठे दर्शकों पर ही प्रहार करनेवाला) था। अभिनवगुप्त ने यहाँ अपनी टीका में इस प्रकार के शिल्पक के प्रयोग को विडंबक (विडम्बना को बतानेवाला) तथा गंडसंश्रित (अन्यापदेश के द्वारा खिल्ली उड़ानेवाला) भी कहा है। ऐसे शिल्पक की प्रस्तुति में अपने जीवन और आचरण का विकृत रूप देखकर ऋषिगण बिगड़ उठे और उन्होंने कहा–"हे द्विजो, क्या तुम लोगों के लिए हमारी इस तरह विडम्बना दिखाना और परिहास करना उचित था? यह तो हमें स्वीकार नहीं है।" उन्होंने भरत के शिष्यों को शाप दे दिया कि तुम लोगों का ज्ञान नष्ट हो जाएगा, तुम लोग व्रत और होम से रहित होकर शूद्राचार हो जाओगे। तुम लोगों का वंश अपवित्र होगा और तुम्हारे वंशज भी नर्तक बनेंगे। तब भरत मुनि के पुत्र भरत के पास जाकर बोले कि आपने तो हमारा नाश करा दिया। इस नाट्य के दोष से हम लोग शूद्राचार हो गए। तब भरत मुनि ने उन्हें सान्त्वना देते हुए कहा– "हे निष्पाप पुत्रो, तुम लोग क्रोध मत करो। हम इस नाट्य को शिष्य तथा अन्य

लोगों को सिखाते रहेंगे।''

भरत मुनि के पुत्रों ने ऋषियों के जीवन के अन्तर्विरोध को ही अपने तथाकथित रूप से गँवारू नाटकों के प्रयोग के द्वारा दिखाया था। उन ऋषियों की कथनी और करनी में अन्तर था। इस प्रकार भरतपुत्रों के ग्राम्यधर्ममूलक शिल्पक रूपक के प्रयोग विरोध, और असंगति तथा विषम अलंकारों पर आधारित थे। इस विरोध, असंगति और विषम के निदर्शन का पर्यवसान विडम्बना के बोध में होता है। विडम्बना के बोध वाली कविता इस रूप में रसविभोर नहीं करती, जिस तरह बिहारी आदि की शृंगार रस की कविता। वह निर्वेद और ताटस्थ का अनुभव देती है।

संस्कृत कविता में इस प्रकार की विरोधमूलक अलंकारों की संरचना के द्वारा निर्वेद और ताटस्थ्य की अभिव्यक्ति करनेवाली काव्यधारा के एक समर्थ प्रतिनिधि भर्तृहरि हैं। अपने एक सुभाषित में वे कहते हैं–''मैंने एक साँड़ को दूध से भरे थनों वाली गाय मानकर दुहा, एक लावण्यरहित हिजड़े को युवती मानकर गले लगा लिया, एक चमकीले काँच के टुकड़े पर वैडूर्य मणि की आशा लगाई, मैं मूढ़। आपके जैसे कृपण और अगुणज्ञ को प्रणाम जो कर बैठा।'' यहाँ एक ऐसे सम्पन्न व्यक्ति को प्रणाम करने की विडम्बना और उससे उपजे निर्वेद या ताटस्थ्य के अनुभव की अभिव्यक्ति है, जो अगुणज्ञ और कृपण है। अतः विरोधमूलक अलंकारों के विन्यास के द्वारा अन्ततः ऐसी कविता मोहभंग पर ले जाती है। भर्तृहरि संसार के प्रपंच से मोहभंग का भाव तो व्यक्त करते ही हैं, विडम्बना की भी तीव्र अनुभूति उनकी कविता व्यक्त करती है। विडम्बना शब्द का प्रयोग भी भर्तृहरि इसी अर्थ में करते हैं। भूख मनुष्य से क्या नहीं करवा लेती ! दरिद्र व्यक्ति पेट की आग के आगे विवश होकर क्या से क्या कर बैठता है। इस सारे विरोध और वैषम्य को व्यक्त करते हुए भर्तृहरि कहते हैं–यह दुष्पूर या कठिनाई से भरा जा सकनेवाला पेट का गड्ढा कैसी विडम्बना करा रहा है, यह मनुष्य के अभिमत स्वाभिमान की गाँठ को खोल देने में निपुण है, मनुष्य के श्रेष्ठ गुण के कमलों को मुरझाने के लिए चटकती चाँदनी है, लाज की बड़ी-से-बड़ी लहराती बेल के लिए यह कुल्हाड़ी है–

अभिमतमहामानग्रन्थिप्रभेदपटीयसी
गुरुतरगुणग्रामाम्भोजस्फुटोज्ज्वलचन्द्रिका।
विपुलविलसल्लज्जावल्लीविदारकुठारिका
जठरपिटरीदुष्पूरेयं करोति विडम्बनाम्॥

(शतकत्रयादिसुभाषितात सं.–207, महासुभाषित सं. भाग-2, 2302)

इस तरह यह कविता प्रचलित सौन्दर्यबोध पर चोट करती है। शृंगारी कवियों की काव्यधारा जिन विभावों या उपादानों में सौन्दर्य दिखाती आई है, उन्हीं की कुरूपता का दिग्दर्शन यह कविता कराती है। स्तन यहाँ मांस के लोथड़े नज़र आते हैं, कमल सदृश कहा जानेवाला मुख श्लेष्मा (कफ) का आगार हो जाता है, गजराजों के शुंडादंड से उपममित होनेवाले जघन मूत्र से क्लिन्न दिखते हैं।

स्तनौ मांसग्रन्थी कनककलशावित्युपमितौ
मुखं श्लेष्मागारं तदपि च शशांकेनतुलितम्।
स्रवन्मूत्रक्लिन्नं करिवरकरस्पर्धिजघन–
महो निन्द्यं रूपं कविजनविशेषैर्गुरुकृतम्॥

(वैराग्यशतक, 20)

इन काव्यों में वस्तुतः विडम्बना अलंकार है। इसका निरूपण आचार्यों ने नहीं किया है। वास्तविकता का बोध कराने के लिए की गई गर्हा, भर्त्सना या निन्दा जहाँ हो, वहाँ विडम्बना अलंकार माना जा सकता है।

कालिदास के नाटक 'अभिज्ञानशाकुन्तल' में आखिरी दृश्य में दुष्यन्त और शकुन्तला फिर से मिल जाते हैं। दुष्यन्त के द्वारा ठुकराई जाने पर कई वर्षों तक कश्यप ऋषि के आश्रम में रहने के पश्चात् शकुन्तला पहले से बदल चुकी है। दोनों कश्यप ऋषि से आशीर्वाद लेने जाते हैं। ऋषि शकुन्तला को समझाते हुए कहते हैं—बेटी, अपने सहधर्मचारी के लिए रोष मत करना, क्योंकि शाप के कारण इसकी स्मृति रुँध गई थी, उसने तुझे ठुकरा दिया। अब तो अपने भरतार पर तेरा ही पूरा स्वामित्व है।

जो पति स्त्री का भर्ता या स्वामी है, उसके ऊपर स्वामिता कैसी? अपने स्वामी पर सेविका की प्रभुता होने का कथन वदतोव्याघात है।

पारम्परिक अवधारणा में विरोध या विरोधाभास अलंकार में वास्तविक विरोध नहीं हुआ करता। इसीलिए कविता की भाषा में श्लेष आदि के द्वारा चमत्कार लाने के लिए विरोधाभास या विरोध की जो प्रतीति कराई जाती है, उसका व्यवहार जगत् के स्तर पर समाधान देकर विरोध की निवृत्ति कराई जा सकती है। पर यदि यह माना जाए कि कवि का सत्य व्यवहार जगत् के स्तर के समानान्तर अपनी एक वास्तविकता रखता है, तो कवि द्वारा निर्मित जगत् में तो विरोध अलंकार से स्थापित विरोध वास्तविक ही कहा जाएगा।

जयदेव इसीलिए विरोध तथा विरोधाभास को अलग-अलग अलंकार मानते हैं। उनके अनुसार अनुपपत्ति या असंगति बनी रहे, तो विरोध अलंकार होता है, और यदि श्लेष या शाब्दिक क्रीड़ा के आधार पर विरोध की प्रतीति हो (वास्तविक

विरोध न हो) तो विरोधाभास अलंकार होता है।

बिहारी कहते हैं–

या अनुरागी चित्त की गति समुझै नहिं कोय।
ज्यौं ज्यौं बूड़े स्याम रंग, त्यों त्यों उज्ज्वल होय॥

यहाँ स्याम-रंग में श्लेष है। काला रंग और श्याम या कृष्ण के लिए प्रेम–दो अर्थ स्याम रंग के हैं। पहला अर्थ लेने पर विरोध होता है। दूसरा अर्थ लेते ही वह विरोध मिट जाता है और श्याम अथवा ईश्वर के लिए जितना ही अनुराग या भक्तिभाव होगा, चित्त उतना ही निर्मल होता जाएगा–यह सुसंगत समाधेय अर्थ निकल आता है। यहाँ विरोध की प्रतीति श्लेष या शब्दक्रीड़ा से ही होती है, विरोध वास्तविकता नहीं बना है। पर ऐसे स्थल भी आते हैं, जहाँ विरोध शब्दच्छल मात्र नहीं, कविता में वह वास्तविकता के रूप में स्थापित होता है। उसके पीछे रचयिता का आत्मसंघर्ष होता है।

वेद या उपनिषद् परम सत्ता का निर्वचन प्रायः विरोध अलंकार की भाषा में करते आए हैं। वेदान्ती ऐसे स्थलों की चर्चा में कहते हैं कि परम सत्ता को या तो परस्पर विरोधी धर्मों से युक्त बताकर ही समझाया जा सकता है या "नेति-नेति" की भाषा में उसे प्रकट किया जा सकता है। ईशावास्योपनिषद् में कहा गया है–

तदेजति तन्नेजति तदु दूरे तदन्तिके।
तदन्तरस्थं सर्वस्य तदु सर्वस्यास्य बाह्यतः॥

(वह चल रहा है, वह चल नहीं रहा है, वह दूर है, वह पास है। वह सबके भीतर है, वह सबके बाहर है।)

यह कैसी वस्तु है जो चलते हुए भी स्थिर है, जो दूर भी है और पास भी है, भीतर और बाहर एक साथ है।

बिनु पद चलै सुनै बिनु काना।
कर बिनु करम करै विधि नाना॥

ब्रह्म का यह सारा वर्णन विरोध अलंकार में है। इस विरोध का समाधान जैसे-तैसे किया जा सकता है, पर कुल मिलाकर वस्तुस्थिति यह ठहरती है कि सारी सृष्टि ही परस्पर विरोधी तत्त्वों से मिलकर बनी है, तो विरोध तो इसके पोर-पोर में गुँथा और भिदा हुआ है। फिर कविता और कला इस विरोध से परहेज कैसे रख सकते हैं? यह उनमें भी उसी तरह गुँथा अैर भिदा रहेगा ही। यह हो सकता है कि इस विरोध को स्वीकार करने का साहस प्रकट करने की बजाय कविता कहीं-कहीं उसमें जीने को अपनी विवशता कह दे। संसार को विचित्रताओं का

पुलिन्दा मानकर चुप हो जाया जाए यह भी हो सकता है। बच्चन भी पिछली किश्त में उद्धृत अपनी कविता में अन्ततः यही कहते हैं–"इसमें फँसना भी पड़ता है, है विचित्र यह जाल!" इस विचित्रता के बोध में कई बार विसंगति या एब्सर्डिटी की पहचान भी समाहित हो जाती है। सारा एब्सर्ड काव्य तथा एब्सर्ड रंगमंच विरोध और असंगति जैसे अलंकारों की भीत पर टिका होता है।

मुक्तिबोध कहते हैं–

हृदय में मेरे प्रसन्नचित्त
एक मूर्ख बैठा है
हँस-हँसकर अश्रुपूर्ण मत्त हुआ जाता है
कि जगत् स्वायत्त हुआ जाता है।

"हँस-हँसकर अश्रुपूर्ण मत्त होने" में परस्पर विरोध है। कवि स्वयं कहता है कि मेरे हृदय में ऐसा एक मूर्ख बैठा है। कवि जानता है फिर भी इस मूर्ख को भीतर स्थापित किए हुए है। यह एक प्रकार की एब्सर्ड स्थिति है। इसे कवि देख रहा है।

'वंशवृक्ष' भैरप्पा का पहला महत्त्वपूर्ण उपन्यास है। इसमें श्रोत्रि(य) जी का चरित्र अत्यन्त निर्मल और पावन है। वे धर्म के प्रति अडिग आस्था के साथ अपार कष्ट उठाते हैं। उपन्यास के अन्त तक पहुँचते-पहुँचते उन्हें यह अनुभव होता है कि जिस आधार पर खड़े होकर वे सारा धर्माचरण कर रहे थे, वह ही मिथ्या था, वे वास्तव में एक हरामजादे हैं। अपने जारज पुत्र होने का रहस्य मालूम होने पर उन्हें वेदना तो बहुत होती है, फिर भी वे धर्म का त्याग नहीं करते, वे सब त्यागकर संन्यास ले लेते हैं। इस विचित्र लगभग दहला देनेवाले उलटफेर में एक सर्वथा भिन्न अर्थ इस सन्दर्भ में लगता है कि मुक्तिबोध का प्रसन्नचित्त मूर्ख श्रोत्रि(य) जी के भीतर भी है। वे समझते हैं कि धर्म को उन्होंने स्वायत्त कर लिया है। धर्म के प्रति यह अकम्प्य आस्था और सारी अकलुष पावनता भी अन्ततः एक विकट उलटफेर में 'हँस-हँसकर अश्रुपूर्ण मत्त' होने की स्थिति में उन्हें ले जाकर छोड़ती है। यह स्थिति विषादन अलंकार की है। विषम अलंकार इसमें अंग बनकर सम्मिश्र है। उलटफेर और विडम्बना के बाद श्रोत्रि(य) जी, जो पहले से ही वीतराग रहकर संसार धर्म निभा रहे थे, संन्यास के लिए निकल जाते हैं, तो यह महाभारत के महाप्रयाण जैसा हाहाकार से भरा और सारे अवसाद के बावजूद निर्वेद और निर्वाण में पर्यवसान है।

'वंशवृक्ष' में विडम्बना और विपर्यय का बोध एक तरह की टीस दे-देकर उत्पन्न किया गया है। भैरप्पा की प्रौढ़तर कृति 'गृहभंग' में टीस और वेदना की

जगह निर्लिप्तता ने ले ली है। 'गृहभंग' में कर्नाटक के गाँव में प्लेग होनेवाली तबाही का यथार्थ चित्रण है। प्लेग सारे गाँव का सफाया करनेवाली दुरन्त महाशक्ति के रूप में चित्रित है, वही उपन्यास का नायक या खलनायक है। उपन्यास का केन्द्रीय चरित्र नंजम्मा है। उसकी बुद्धिमत्ता, साहस, संघर्ष की महागाथा उपन्यास प्रस्तुत करता है। पर अन्त में सब समाप्त हो जाता है। नंजम्मा भी घर-परिवार को बचाती-बचाती प्लेग से असमय काल-कवलित हो जाती है। उसका मूर्ख, आलसी और पेटू पति चेन्निगराय जीवित रहता है। संन्यासी और भीख माँगकर गुजारा करनेवाले महादेवय्या जीवित रहते हैं। महादेवय्या अन्त में नंजम्मा के बेटे विश्व की जिम्मेदारी ओढ़कर उसे दूसरे गाँव ले जाते हैं।

"हाथ पकड़े रहने पर भी विश्व महादेवय्य जी से अधिक अन्तर्मुखी हो, गर्दन झुकाए कदम रख रहा था। ये एक मील तक आए ही थे कि रास्ते में एक पेड़ के नीचे सिर तले मड़ुवे की एक चोटी-सी गठरी रखे चेन्निगराय सो रहे थे। तम्बाकू की पीक मुँह में भरी हुई थी।...

" 'हमारे बाबा हैं न?' विश्व ने तुरन्त पूछ लिया। चेन्निगराय बेटे को पहचान गए। बोलने के लिए उनकी जीभ छटपटाई। लेकिन ताम्बूल रस थूकना पड़ता। और अगर थूक देते, तो पास में और नहीं था। यही वे सोच रहे थे कि वे दोनों तीस-चालीस कदम आगे बढ़ गए। विश्व बार-बार देख रहा था।

" 'उस ओर मत देख। चुप चल बेटे।' महादेवय्य जी बोले।

चेन्निगराय मुँह का ताम्बूल रस थूकने में असमर्थ थे, इसलिए बोलना सम्भव नहीं हुआ। उनका मन सोच रहा था कि यह जंगम मुझे देखकर भी बिना कुछ कहे चला गया, उसे दुबारा मिलने दो, तो ठीक तरह से पूछूँगा। इतने में सामने उतार आया। वहाँ से उतरकर वे दोनों उनकी आँखों से ओझल हो गए।"

बेटा गाँव छोड़कर जा रहा है। उससे फिर मिलना हो पाएगा या नहीं, कहा नहीं जा सकता। बाप अपने नन्हे से बेटे से जाते समय बात नहीं कर पाता। क्योंकि मुँह में तम्बाकू भरी हुई है।

काव्य का विषय मनुष्य होता है। मनुष्य सम्भावनाओं का एक पुंज है। मनुष्य विरोधों का एक पुलिन्दा भी है। महाभारत में दुर्योधन कहता है—"जानामि धर्मं न च मे प्रवृत्तिर्जानाम्यधर्मं न च मे निवृत्तिः।" मैं जानता हूँ कि धर्म क्या है, पर मेरी प्रवृत्ति उसमें नहीं हो पाती, और मैं जानता हूँ कि अधर्म क्या है, पर मैं उससे अपने को रोक नहीं पाता। यह सत्य है कि महाभारत का अवसान इस विरोध और द्वन्द्व में नहीं होता। तमाम असंगतियों, विरोधों, विषमताओं, व्याघातों की गहरी परख उसमें उतने ही गहरे निर्वेद के बोध तक ले जाकर हमें छोड़ती है।

यह निर्वेद तो महाभारत की रचना के मूल में ही था। व्यास ने जब कौरव पांडव राजकुमार किशोर थे, उसी समय अपनी माता सत्यवती से कह दिया था–

अतिक्रान्तसुखाः कालाः प्रत्युपस्थितदारुणाः।
श्वः श्वः पापीयदिवसाः पृथिवीगतयौवना॥

(सुख का समय बीत गया। दारुण स्थितियाँ मँडरा रही हैं। हर आनेवाला दिन और अधिक पाप से भरा हुआ आ रहा है। धरती का यौवन छीज चुका है।)

व्यास ने जब यह कहा, तो ऊपर-ऊपर से सब ठीक ही था। कौरव पांडव राजकुमारों में थोड़ी लाग-डपट रहती थी। पर एक महाभीषण समर छिड़नेवाला है, यह कोई कह नहीं सकता था। यह उनकी निर्वेद की दृष्टि थी, जिससे समस्त विसंगति को पकड़ा जा सका?

मिलान कुन्देरा की एक कहानी है–'एडवर्ड एंड गॉड'। कहानी का नायक एडवर्ड न ईश्वर में विश्वास रखता है, न मार्क्सवाद में। (यह भी एक विरोध है, आप या तो आस्तिक हैं या नास्तिक हैं, आप आस्तिक भी नहीं और नास्तिक भी नहीं, यह कैसे हो सकता है? एडवर्ड होशियार भी है और कमजोर भी। होशियारी के कारण वह यह मानता है कि इस सारे निस्सार जग में सार कैसे हो सकता है? और कमजोरी के कारण वह सार के लिए अकुलाता भी है।)

साम्यवादी चेकोस्लोवाकिया के जिस स्कूल में एडवर्ड को मज़बूरन नौकरी करनी है, वह कट्टर वामपन्थियों का स्कूल है। एडवर्ड लेनिन की भक्तिन स्कूल संचालिका के आगे नाटक करता है और यीशुभक्त अपनी प्रेमिका एलिस के आगे भी। प्रेमिका के कारण वह चर्च जाता है। चर्च जाते देख लिया जाने पर स्कूल के ट्रिब्यूनल के आगे उसकी पेशी हो जाती है। एडवर्ड समझदार है, वह जानता है कि यदि वह यह सच्ची बात बता देगा कि उसकी न ईश्वर में आस्था है, न चर्च में, वह तो केवल प्रेमिका को फँसाए रखने के लिए चर्च जाता है, तो नौकरी गई। वह ट्रिब्यूनल के आगे परम भावुक होकर यीशु और चर्च में सच्ची आस्था होने का ढोंग इतनी सफाई से रचता है कि स्कूल की संचालिका उसके सच्चे दिल और दिलेरी की ताईद करती हुई ऐसे सच्चे आदमी को मार्क्सवादी बनाने का ज़िम्मा स्वयं अपने ऊपर ही लेती है। प्रेमिका भी एडवर्ड को निहायत सच्चा और यीशुभक्त इंसान मानकर अपना देह उसे दे देती है, जिसे वह अपनी धार्मिक नैतिकता के तहत अभी तक उससे बचाती आई थी। दूसरी ओर स्कूल की प्रौढ़ा और अतृप्त कुंठाओं से ग्रस्त संचालिका को पटाना भी एडवर्ड के लिए बहुत कठिन नहीं रह जाता। वह प्रेमिका से भी ऊब जाता है और अन्ततः अपनी उसी चालाकी से उससे पीछा छुड़ा लेता है, जिसके द्वारा उसने अपनी नौकरी बचा ली थी। पर

संचालिका के साथ सम्भोग जारी रखना उसकी मजबूरी है। इस सबके बावजूद एडवर्ड चर्च जाना बन्द नहीं करता। अपनी अनास्था के चलते वह चर्च जाता है। चर्च पहुँचकर वह यह सोचता रहता है कि ईश्वर क्यों नहीं है। अच्छा होता कि वह होता। वह ईश्वर के न होने के शोक को महसूस करता है।

कहानी के अन्त में कहा गया है कि एक दिन एडवर्ड का यह शोक इतना घना हो गया कि उसके भीतर से उसके ईश्वर का सच्चा चेहरा दिखा।

ईश्वर के न होने के दुख के भीतर ईश्वर का हो जाना भी एक विरोध ही है। जिस व्यक्ति को ईश्वर पर रंच मात्र आस्था न थी, उसका अपनी उसी अनास्था के भीतर से ईश्वर को देख लेना एक और विरोध है। पूरी कहानी की संरचना ही आद्यन्त विरोध पर टिकी हुई है।

इस कहानी को विरोध अलंकार का एक उदाहरण माना जाए, तो दो बातें सामने आती हैं। एक तो–विरोध समग्र जीवन और समग्र कृति में हो सकता है। यह कृति का दोष नहीं माना जाएगा। सारी कृति में आद्यन्त विरोध का पिरोया होना एक गहरे सांकेतिक अभिप्रायों के साथ उसका गुण हो सकता है। दूसरे विरोध अलंकार के निरूपण या समग्र कृति में निर्वाह के पीछे एक दृष्टि हो सकती है।

विरोधमूलक अलंकारों का या साहित्य में उठाए गए विरोध का व्यंग्य के साथ-साथ विडम्बना, मोहभंग, वेदना से गहरा रिश्ता है। गहरी तकलीफ में हँसने लग जाना भी एक विरोध है। कविता में विरोध अलंकार का सधाव तो ऐसी तकलीफ से ही होता होगा।

लम्बी कविता का एक अलंकार

अलंकारों के विषय में आमतौर पर यह माना जाता है कि एक पद्य में एक या अनेक अलंकार रह सकते हैं। एक वाक्य में भी कोई एक या एकाधिक अलंकार हो सकते हैं। विरोध पर जो चर्चा पिछले अध्याय में की गई है, उससे स्पष्ट है कि विरोध समग्र जीवन और समग्र कृति में हो सकता है। यह कृति का दोष नहीं माना जाएगा। सारी कृति में आद्यन्त विरोध का पिरोया होना एक गहरे सांकेतिक अभिप्रायों के साथ उसका गुण हो सकता है। कोई ऐसा भी अलंकार हो सकता है, जिसकी स्थिति प्रबन्धकाव्य में ही सम्भव हो?

संस्कृत में बिल्हण नाम के महाकवि हुए हैं। उनके विषय में किंवदन्ती है कि अनहिलपत्तन के राजा वीरसिंह ने अपनी कन्या शशिप्रभा को पढ़ाने के लिए उन्हें नियुक्त किया। राजकन्या अत्यन्त सौन्दर्य प्रेमी थी। वह किसी जन्मान्ध व्यक्ति का दर्शन नहीं करती थी। उसे बताया गया कि गुरु जन्मान्ध हैं। बिल्हण को बताया गया कि राजकुमारी कुष्ठ से ग्रस्त तथा अदर्शनीय है। बिल्हण इस शर्त पर पढ़ाने को तैयार हुए कि वे ऐसी राजकुमारी को कभी देखेंगे नहीं। जब पाठ आरम्भ हुआ, तो गुरु और शिष्या के बीच एक पर्दा तान दिया गया।

बिल्हण और राजकुमारी शशिप्रभा की कहानी संस्कृत साहित्य में अनेक रूपों में दोहराई गई हैं। इस पर स्वतन्त्र रूप से दो पुराने खंडकाव्य भी मिलते हैं। इनमें से एक में राजा और राजकुमारी के नाम भी भिन्न हैं। पर कहानी के अलग-अलग संस्करणों में एक बात तो समान होनी ही थी। संयोग से बिल्हण और राजकुमारी ने एक दूसरे को देख लिया, दोनों में प्रेम हुआ, दोनों प्रणय लीलाएँ करने लगे और अन्त में राजा को इस सबका पता चल गया, उसने बिल्हण को फाँसी पर चढ़ाने का आदेश दिया। फाँसी पर चढ़ाने को ले जाए जाने के पहले बिल्हण ने एक काव्य की रचना की। काव्य का नाम था–'सुरतपंचाशिका' यानी सम्भोग को लेकर लिखे पचास पद्य। यह काव्य मिलता है, पर बिल्हण का ही लिखा हुआ है–इसके बारे में मतभेद है। चोरी-छिपे किए गए सुरत के वर्णन के कारण इसका नाम 'चौरसुरतपंचाशिका' भी प्रचलित है।

'चौरसुरतपंचाशिका' के हर पद्य में उद्दाम शृंगार के साथ एक आवेग है। राजकुमारी के साथ की गई प्रणयक्रीड़ाओं की स्मृतियाँ फाँसी के लिए ले जाए जाते कवि की स्मृति में सजीव हो जाती हैं। अतीत वर्तमान में लिपटा हुआ सा लगता है। इससे रचना में एक विशेष गुण आ जाता है। क्या इसे पूरी रचना में उपस्थित एक अलंकार माना जा सकता है?

शृंगार की अन्य रचनाओं से यह छोटा-सा खंडकाव्य इस अर्थ में अलग लगता है कि इसमें काल का एक विशेष अनुभव समेटा गया है। प्रत्येक पद्य में अद्यापि (अभी या आज भी) की आवृत्ति स्मृति की एकतानता और फाँसी पर झूलने को तैयार खड़े कवि के वर्तमान को समेटे चलती है, तो पद्य के बाकी शब्द राजकुमारी के साथ अतीत में की गई क्रीड़ा को। क्या फाँसी पर झूलने को तैयार व्यक्ति के भीतर कामना उसी तरह लहराती है जैसी पहले लहराती रही थी? बिल्हण कहते हैं–

अद्यापि तां यदि पुनः श्रवणायताक्षीं
पश्यामि दीर्घविरहज्वरिताङ्गयष्टिम्।
अङ्गैरहं समुपगूह्य ततोऽतिगाढं।
नोन्मीलयामि नयने न च तां त्यजामि॥

(चौ. सु. पं. 6)

आज भी
कानों तक आयत नयनोंवाली
दीर्घ विरह से झुलसे अंगोंवाली उसको
यदि मैं देख सकूँ
तो
देह से उसको गहरे आलिंगन में भरकर
कर लूँगा आँखें बन्द और खोलूँगा नहीं उन्हें
और न छोड़ूँगा उसको।

बिल्हण ने काल की एकतानता के बोध को इस काव्य में बनाए रखा है। वे कहते हैं–मैं अन्य जन्म में भी और निधन में भी उसका अनुचिन्तन करता ही रहूँगा–जन्मान्तरेऽपि निधनेऽप्यनुचिन्तयामि (चौ. सु. पुं. 22)। इसके आगे वे कहते हैं–यदि वह मिल जाए तो मैं स्वर्ग, अपवर्ग (मुक्ति) और संसार के सारे सुख त्यागकर उसे अंगीकार करूँगा।

'चौरसुरतपंचाशिका' के अधिकांश पद्यों में सुरत के समय की राजकुमारी की चेष्टाएँ, भंगिमाएँ चित्रित है, कहीं-कहीं उसके उलाहने या अर्धत्रुटित कथन भी।

इसकी सारी विच्छिन्नता या टूटन में एक सातत्य भी है, जो इस काव्य का अलंकार है।

यदि यह अलंकार है, तो यह मृत्यु के द्वार पर खड़े होकर अपने अतीत और अपने भवितव्य को आर-पार देखने के कारण आया है। अज्ञेय का उपन्यास 'शेखर : एक जीवनी' ऐसी ही मनःस्थिति में रचा गया है।

क्या अतीत और अनागत को साफ-साफ वही देख सकता है, जिसने मृत्यु का वरण कर लिया हो?

मरण को जिसने वरा है, उसी ने जीवन भरा है
परा भी उसकी उसी के अंक सत्य यशोधरा है।
सुकृत के जल से विसिंचित कल्प किंचित् विश्व उपवन
उसी की निस्तंद्र चितवन चयन करने को हरा है।

यहाँ निराला शायद परा से उपनिषदों में सूचित परा विद्या का संकेत करना चाहते हैं, जो मृत्यु के पार अमृतपद तक ले जाती है। तीसरी पंक्ति का सुकृत भी उपनिषद् के "यद्वै सुकृतं रसो वै सः" की छाया लेकर आया है। सुकृत का जल ही सच्चा रस है, जिससे सिंचकर जगत् हरा-भरा रहता है, और यह हरियाली भी उसी के देखने के लिए है, जिसने मरण का वरण किया, क्योंकि उसने परा और अपरा दोनों को साध लिया है।

बिल्हण जानते थे कि राजकुमारी के साथ समागम की क्रीड़ाएँ उन्हें अन्त में कहाँ ले जाएँगी। पर मृत्यु का उन्होंने वरण किया। निकोलाई बुखारिन ने भी ऐसा ही किया।

मृत्यु के पूर्व मनुष्य अपने सारे जीवन का लेखा-जोखा साफ-साफ देख पाता है। कभी-कभी ऐसा लेखा-जोखा बहुमूल्य हो सकता है। इतना बहुमूल्य कि व्यक्ति अपने सारे जीवन की बजाय उसे अधिक कीमती माने। निकोलाई बुखारिन आधुनिक रूस के जन्मदाताओं में से एक थे। लेनिन ने एक समय उन्हें पार्टी के सिद्धान्तों का सबसे बड़ा प्रवक्ता कहा था। *हिस्टॉरिकल मटीरियलिज्म* जैसी अनेक भाषाओं में अनूदित विश्वविख्यात पुस्तक के प्रणेता तथा 'प्रावदा' के सम्पादक के रूप में भी उनकी खास पहचान है। स्तालिन के द्वारा वे जेल में डाल दिए गए। फाँसी के पहले उन्होंने "हाउ इट आल बिगैन" शीर्षक आत्मकथापरक उपन्यास लिखा। 1937 में जेल से स्तालिन को लिखे अपने एक पत्र में उन्होंने अनुरोध किया था—कम-से-कम जेल में लिखे मेरे दस्तावेजों पर तो दया रखना। मुझ पर नहीं तो मेरे लिखे पर ही सही। मेरी तुमसे करुण प्रार्थना है कि इन्हें नष्ट मत करवा देना।

काव्यशास्त्र के आचार्यों में भामह का नाम सबसे पहले लिया जाता है। उन्होंने एक अलंकार बताया है–भाविक। भाविक के लक्षण में भामह ने सबसे पहले यही कहा कि यह पूरे प्रबन्ध या एक समूची कृति का गुण है। इसमें अतीत और अनागत वृत्तान्त प्रत्यक्ष जैसे दिखते हैं

भाविकमिति प्राहुः प्रबन्धविषयं गुणम्।
प्रत्यक्षा इन दृश्यन्ते यत्रार्था भूतभाविनः॥

(काव्यालंकार 3 । 43)

इससे आगे जाकर भामह ने उन तत्त्वों का भी विवेचन किया जो भाविक अलंकार की किसी कृति में सम्भाव्य बनाते हैं। ये गुण हैं–विचित्र, उदात्त और अद्भुत वृत्तान्तों का समावेश, कथा की नाटकीयता और शब्दों की अनाकुलता–

चित्रोदात्ताद्भुतार्थत्वं कथायाः स्वभिनीतता।
शब्दानाकुलता चेति तस्य हेतुं प्रचक्षते॥

(वही, 3 । 54)

विचित्र, उदात्त तथा अद्भुत वृत्तान्त किसी पूरे प्रबन्ध जैसे महाकाव्य या उपन्यास आदि में ही हो सकते हैं, मुक्तक में नहीं। कथा की अभिनीतता या नाटकीयता से भी आशय यही है कि प्रबन्ध के सारे निरूपण को इस तरह का होना चाहिए कि पाठक उसे अपने सामने घटता देखे। और इसके लिए शब्द तो सुचिन्तित और सुव्यवस्थापित रूप में ही प्रयुक्त होंगे। इसीलिए रुय्यक ने कहा कि भाविक में केवल कवि अतीत और अनागत को प्रत्यक्ष हस्तामलकवत् देखे इतना ही नहीं, उसका पाठक या दर्शक भी उसी तरह अतीत और अनागत को प्रतिबिम्ब की तरह साफ देखता है। भाविक अलंकार भाव के होने पर होता है। भाव का अर्थ है होना या being, जो हो चुका या होनेवाला है उसके होने का साक्ष्य भाविक है। कुवलयानन्द कारिका की व्याख्या में आशाधर भट्ट कहते हैं– भावाय साक्षात्काराय प्रभवतीति भाविकम्।

रुय्यक भाविक को लेकर एक उल्लेख्य विचार प्रस्तुत करते हैं। यह सत्य है कि अतीत और अनागत का प्रत्यक्षायमाण होना भाविक है। पर इस प्रत्यक्षायमाणता में कविगत भाव या आशय श्रोता या भावक में प्रतिबिम्बित होते हैं, वह भावक इन आशयों में पुनः-पुनः अभिनिविष्ट हो जाता है। इस तरह भाविक अलंकार से होनेवाला अनुभव समग्र काव्यानुभव या सौन्दर्यानुभव हो जाता है क्योंकि न तो यह भ्रान्ति मात्र है, न वस्तुवृत्तप्रकाशन मात्र। इस अनुभूति में भावक अतीत और अनागत का प्रत्यक्ष करता है। यह प्रत्यक्ष लौकिक प्रत्यक्ष और योगियों के द्वारा किए जानेवाले अतीन्द्रिय साक्षात्कार–दोनों से भिन्न होता है।

जिस तरह लौकिक प्रत्यक्ष प्रमाण है और जिस तरह योगियों के द्वारा किया जानेवाला समाधिगत साक्षात्कार भी प्रमाण है, उसी तरह भावक के द्वारा किए जानेवाले इस साक्षात्कार को भी प्रमाण माना जाना चाहिए।

अलंकारवादियों ने रस को भी एक अलंकार (रसवदलंकार) माना है। भाविक और रसवदलंकार में अन्तर यही है कि रसवदलंकार में हृदयसंवाद होता है, भाविक में कविगत अभिप्राय का सहृदय के हृदय में प्रवेश होता है, संवाद या तादात्म्य नहीं। इसी प्रकार भाविक में वस्तु का स्वरूप प्रत्यक्षवत् स्फुरित होता है और स्वभावोक्ति अलंकार का भी यही स्वरूप है। अतः स्वभावोक्ति से इसका अन्तर स्पष्ट किया जाना चाहिए। यह अन्तर स्पष्ट करते हुए रुय्यक कहते हैं कि संवाद दो प्रकार का होता है हृदयसंवाद और वस्तुसंवाद। रसवदलंकार में हृदय संवाद होता है, स्वभावोक्ति में वस्तु संवाद। वस्तुसंवाद में चित्त में वस्तु का बिम्ब बनता है। भाविक न वस्तुसंवाद होता है, न हृदयसंवाद। साथ ही स्वभावोक्ति की तुलना में भाविक का प्रसार काल में अनेक आयामों में होता है, जबकि स्वभावोक्ति में सिद्ध या पहले से विद्यमान वस्तु का ही वर्णन किया जाता है। फिर भी रुय्यक स्वीकार करते हैं कि स्वभावोक्ति और भाविक अलंकारों की सीमाएँ एक दूसरे में अनुप्रविष्ट हो जाती हैं। बिम्बात्मक स्फुट प्रतीति, जिसे पश्चिम में 'इमेजरी' कहा गया है, भाविक और स्वभावोक्ति दोनों में अनिवार्यतः रहती ही है। श्रीविद्या चक्रवर्ती ने तो स्पष्ट कहा है कि भाविक में अतीत और अनागत पदार्थों के भाव का प्रत्यक्षवत् बिम्बन होता है (अलंकारसर्वस्वनिष्कृष्टार्थकारिका, 117)। स्वभावोक्ति में लोकप्रसिद्ध लोकानुभूत वस्तु की स्फुट प्रतीति होती है और भाविक में असाधारण पदार्थों की। पर रुय्यक यह भी मानते हैं कि स्वभावोक्ति में किया गया साधारण या लौकिक पदार्थों का निरूपण भी अपनी असाधारणता में भाविक अलंकार के अनुप्रवेश के समान हो जाता है।

रुय्यक कहते हैं—भाविक अलंकार का अनुभव श्रोता अथवा भावक योगी की भाँति भूत और भविष्यत् को साक्षीभाव से देखते हुए करता है। इस तरह भाविक अलंकार की प्रतीति ताटस्थ्य के साथ होती है।

अतः भाविक अलंकार के द्वारा आचार्यों ने यह तथ्य भी प्रमाणित किया कि साहित्य की अपनी ज्ञानमीमांसा होती है, वह किसी भी स्वीकार्य शास्त्र या दर्शनप्रधान की ज्ञानमीमांसा के समान प्रामाणिक है।

प्रतिहारेंदुराज भाविक में तत्काल अर्थ की प्रतीति अनिवार्य मानते हैं। कविगत अभिप्राय श्रोता या पाठक के मन में तत्काल अंकित हो जाता है, उसके कारण रसास्वाद व चतुर्वर्ग की सिद्धि काव्य में सम्भव होती है। कवि का

रससमुल्लसित आत्मा शब्दार्थ के दर्पण में प्रतिबिम्बित होता है, और वह माधुर्य, ओजस् तथा प्रौढ़ि से आविद्ध होकर प्रकाशित होता है। भावक इन्हीं शब्दार्थ को ग्रहण करता है, और कवि की आत्मा का साक्षात्कार करके चतुर्वर्ग की परम पुष्टि पाता है।

रसोल्लासी कवेरात्मा स्वच्छे शब्दार्थदर्पणे।
माधुर्यौजोयुतप्रौढे प्रतिबिम्बप्रकाशिते।
सम्पीतस्वच्छशब्दार्थाद्राविताभ्यन्तरतस्ततः।
श्रोता तत्साम्यतः पुष्टिं चतुर्वर्गे परां व्रजेत्।

(प्रतिहारेन्दुराज काव्यालंकारसारसंग्रह पर लघुवृत्ति)

भाविक में वस्तुतः आस्वाद नहीं होता, साक्षीभाव होता है। भाविक अलंकार की साधना कवि के लिए एक बड़ी साधना ही है, जिसके द्वारा वह परभावकरण में समर्थ हो जाता है। इस पर चर्चा 'परभावकरण अर्थात् कविता में उतरना जड़भरत का' शीर्षक अध्याय में यहाँ विशेष रूप से की गई है।

चौरसुरतपंचाशिका काव्य तथा *शेखर : एक जीवनी* या *हाउ इट आल बिगैन* जैसे उपन्यासों के पूरे कलेवर में भाविक अलंकार गुँथा हुआ है। लेखक ने भी अतीत का साक्षात्कार किया और पाठक को भी वह साक्षात्कारकल्प या प्रत्यक्षकल्प अनुभव देता है। विचित्र, उदात्त तथा अद्‌भुत वृत्तान्त भी इन तीनों में भरे पड़े हैं। जिस पड़ाव पर पहुँचकर ये कृतियाँ लिखी गईं, वहाँ तक की सारी यात्रा नाटकीय ही रही है। इसके साथ ही इन तीनों के बारे में यह भी एक विचित्र बात है कि अतिशय आवेग की थरथराहट में ये कृतियाँ लिखी गई हैं, पर इनके शब्द उतने ही निष्कम्प हैं। सधे हुए और सुनिश्चित भी। इस तरह आचार्य भामह द्वारा दिया गया भाविक अलंकार का लक्षण इन तीनों पर लागू होता है।

दंडी ने भाव का अर्थ किया—कवि का अभिप्राय। यह भाव सारे प्रबन्ध में संक्रान्त हो जाता है, तब भाविक उस प्रबन्ध में निष्पन्न माना जाना चाहिए।

तद् भाविकमिति प्राहुः प्रबन्धविषयं गुणम्।
भावः कवेभिप्रायः काव्येष्वासिद्धिसंस्थितः॥
परस्परोपकारित्वं सर्वेषां वस्तुपर्वणाम्।
विशेषणानां व्यर्थानामक्रिया स्थानवर्णना।
व्यक्तिरुक्तिक्रमबलाद् गम्भीरस्यापि वस्तुनः।
भावायत्तमिदं सर्वमिति तद् भाविकं विदुः।

(काव्यादर्श, 2 । 364-65)

दंडी भी भाविक को पूरे प्रबन्ध या लम्बी कविता का गुण मानते हैं। भाविक

के निष्पत्तिकारक तत्त्वों में उन्होंने किसी प्रबन्ध के विभिन्न खंडों में परस्पर उपकारित्व या अन्विति, विशेषणों की सार्थकता, समुचित वर्ण्य विषयों का विन्यास तथा गम्भीर विषय वस्तु की अभिव्यक्ति का परिगणन किया है।

भामह और दंडी दोनों आचार्य भाविक को गिनते तो अलंकारों में हैं, पर उसका स्वरूप प्रबन्ध में अन्तर्व्याप्त एक गुण के रूप में निरूपित करते हैं। ये आचार्य दो तरह के अलंकार मानते हैं। कुछ अलंकार कथनभंगी में ही पर्यवसित हो जाते हैं। कुछ अलंकार ऐसे होते हैं, जो बड़ी रचना में आद्यन्त भीतर पिरोए हो सकते हैं। भाविक ऐसा ही अलंकार है। इसीलिए रुय्यक और विद्यानाथ ने इसकी गणना गूढ़ार्थप्रतीतिमूलक अलंकारों के वर्ग में स्वभावोक्ति, ब्याजोक्ति, वक्रोक्ति आदि के साथ की है। इस तरह के अलंकार कई अवान्तर अलंकारों को अपनी संरचना में समेटकर चलते हैं, तथा काल के भी कई स्तरों को वे समाहित करते हैं।

कवि अपने समय से आगे देखता है। वाल्मीकि के विषय में माना जाता है कि उन्होंने राम के जीवन में होनेवाली घटनाओं को अपनी प्रतिभा से देखा और रामायण में वर्णन कर दिया। स्वयं रामायण से इस किंवदन्ती की पुष्टि नहीं होती। वहाँ तो वाल्मीकि के लिए यही कहा गया है—चिरनिर्वृत्तमप्येतत् प्रत्यक्षमिव दर्शितम्—जो पहले घट चुका था, उसे प्रत्यक्ष की तरह उन्होंने देख लिया। यह प्रत्यक्ष दर्शन कविकृत और कविसमय में होता है, इसलिए वाल्मीकि का रामायण जिस तरह भाविक का उदाहरण है, उसी तरह निराला की 'राम की शक्तिपूजा' भी।

है अमानिशा, उगलता गगन घन अन्धकार
खो रहा दिशा का ज्ञान; स्तब्ध है पवनचार
अप्रतिहत गरज रहा पीछे अंबुधि विशाल
भूधर ज्यों ध्यानमग्न, केवल जलती मशाल।
स्थिर राघवेन्द्र को हिला रहा फिर फिर संशय
रह-रह उठता जग जीवन में रावण जय-भय;
जो हुआ नहीं आज तक हृदय रिपुदम्य श्रांत,
एक भी, अयुत लक्ष में रहा जो दुराक्रान्त,
कल लड़ने को हो रहा विकल वह बार-बार,
असमर्थ मानता उद्यत हो हार-हार;
ऐसे क्षण अन्धकार में जैसे विद्युत्
जागी पृथ्वीतनया-कुमारिका-छवि अच्युत

देखते हुए निष्पलक, याद आया उपवन
विदेह का—प्रथम स्नेह का लतांतराल मिलन।

भूधर ज्यों ध्यानमग्न में उपमा है, जलती केवल मशाल में राम का स्वरूप अध्यवसित होने से साध्यवसाना अतिशयोक्ति है। अन्धकार में जैसे विद्युत् में फिर उपमा भाविक के निर्वाह को अक्षुण्ण रखने के लिए है। राम का कल, राम का आज उनका अतीत और अनागत यहाँ प्रत्यक्षायमाण हैं।

इस तरह भाविक उन बिरले अलंकारों में से भी है, जिनका सम्बन्ध कालबोध से है।

उपमा अर्थात् कविता में लोक और लोकोत्तर का होना

चक्रपाणि विजय महाकाव्य के प्रणेता लक्ष्मीधर दसवीं शताब्दी में धारा के नरेश भोज के समकालीन थे। लक्ष्मीधर भोज की सभा में गए थे, पर वहाँ वे अपनी कवित्व की उपेक्षा से खिन्न होकर राजसभा को छोड़कर चले आए थे–ऐसा संकेत उन्होंने महाकाव्य में अपने परिचय में दिया है। चक्रपाणिविजय महाकाव्य के अतिरिक्त इन्होंने जनजीवन से सम्बद्ध अनेक मार्मिक सुभाषितों की रचना भी की थी। इन्हीं में एक सुभाषित जिसे भोज आदि कई आचार्यों ने उद्धृत किया है, शिशिर ऋतु के वर्णन का है।

कम्पन्ते कपयो भृशं जडकृशं गोजाविकं ग्लायति
श्वा चुल्लीकुहरोदरं क्षण्मपि क्षिप्तोऽपि नैवोज्झति।
शीतार्तिर्व्यसनातुरः पुनरयं दीनो जनः कूर्मवत्
स्वान्यङ्गानि शरीर एव हि निजे निह्नोतुमाकाङ्क्षति॥

(बन्दर बुरी तरह काँप रहे हैं, अकड़ गई दुबलाई हुई गायें और बकरियाँ छीज रही हैं। भट्ठी की गर्म भँभूदल में सोए कुत्ते को फिर से भट्ठी सुलगाने के लिए आया हुआ हलवाई ठोकर मारकर भगाना चाह रहा है, और कुत्ता भट्ठी नहीं छोड़ रहा। शीत का दुःख जनता पर विपत् की तरह आ गिरा है। उससे आतुर होकर दीन या गरीब आदमी कछुवे की तरह अपने अंग-अग को अपने ही शरीर में घुसा लेना चाह रहा है।)

मुख्यतः तो यह पद्य जाति या स्वभावोक्ति अलंकार का उत्कृष्ट उदाहरण है, क्योंकि यहाँ गाँव-गिराँव का एक दृश्य अपने सहज प्रकृत रूप में चित्रित है। तीसरे चरण में उपमा भी यहाँ है। आदमी के लिए कछुवे की उपमा दी गई है। हमारे साहित्य में कछुवे का उपमान दो स्थलों पर मेरी जानकारी में विशेष रूप में प्रयुक्त हुआ है। एक तो लक्ष्मीधर के इस पद्य में और दूसरे गीता में। गीता में स्थितप्रज्ञ के लिए कछुवे का उपमान है–"यदा संहरते चायं कूर्मोऽङ्गानीव

सर्वशः''–जिस तरह कछुवा अपने सारे अंगों को भीतर सिकोड़ लेता है, ऐसे ही स्थितप्रज्ञ भी इन्द्रियों को विषयों से अलग कर अपने में सिमटा लेता है।

कछुवा आलस्य या सुस्ती के लिए प्रसिद्ध है। यह आदमी कछुवे की तरह सुस्त है–ऐसा कहा जाए, तो कविता नहीं बनती। यह लोकव्यवहार की उपमा हो सकती है, काव्य का उपमा अलंकार नहीं। अप्पय दीक्षित कहते हैं कि कविता की उपमा में हृद्यता और कान्तिमत्ता (चमक) होनी चाहिए। लक्ष्मीधर और गीताकार दोनों ने कूर्म का उपमान जिस तरह प्रस्तुत किया है, उसमें हृद्यता और कान्तिमत्ता है। यह हृद्यता और कान्तिमत्ता सर्वत्र प्रचलित व्यवहार या सर्वविदित तथ्य का अतिक्रमण करके ही लाई जा सकती है। इसलिए कवि पहले प्रयुक्त कर दी गई उपमाओं का निषेध करके उपमा का अपना पथ खोजते हैं। तुलसीदास ने 'सब उपमा कवि रहे जुठारी' कहकर और अज्ञेय ने 'ये उपमान मैले हो गए हैं' कहकर यही करना चाहा। अपने महाकाव्य में लक्ष्मीधर ने भी एक स्थल पर उपमा का निषेध करके अपना उपमान बनाया है। बाणासुर के मुख से शिव की स्तुति कराते हुए वे कहलवाते हैं–

उपमा यत्र नास्त्येव यत्र जातिर्न विद्यते।
निर्गुणो निरलङ्कारस्त्वमिव त्वयि मे स्वतः ॥

(हे भगवन्, मेरे द्वारा की जा रही आपकी स्तुति में न उपमा है, न जाति अलंकार। यह आपकी ही तरह निर्गुण और निरलंकार है।)

यह दिलचस्प बात है कि लक्ष्मीधर, जिनकी कविता की खूबी उपमा और जाति या स्वभावोक्ति के विशिष्ट प्रयोग में है, वे स्वयं बाण के मुख से उपमा और जाति का निषेध करा रहे हैं। यहाँ मेरी वाणी में उपमा नहीं है (अथवा मेरी वाणी की कोई उपमा नहीं है) यह कहते हुए कवि ने 'मेरी स्तुति निर्गुण और निरलंकार आप ईश्वर के जैसी ही है' इस उपमा अलंकार के ही द्वारा अपनी कविता की विशेषता भी प्रकट कर दी है।

उपमा में उपमेय और उपमान ये दो तत्त्व सबसे आवश्यक हैं। इन्हीं को प्रस्तुत और अप्रस्तुत भी कहा जाता रहा है। इनमें से एक लौकिक होता है, दूसरा लोकोत्तर या लोकातिक्रान्तगोचर। साधर्म्यमूलक अलंकारों के द्वारा कभी कवि आधिभौतिक को आधिदैविक या आध्यात्मिक के पार्श्व में रखता है, कभी एक को नकारकर दूसरे को स्थापित करता लगता है, कभी एक का अतिक्रमण करके अन्य में सन्तरण करता है। कहीं एक से दूसरे को अधिक उत्कृष्ट भी बताया जाता है। फिर भी इन दोनों में भी कविता का आधार तो उपमेय और उसका आधिभौतिक विश्व ही है। उसी में और उसी के बल पर कवि का स्वप्नलोक,

आधिदैविक या आध्यात्मिक जगत् टिक पाता है।

इस तरह उपमा लोक और लोकोत्तर का सन्धिस्थल रचती है। एक में सीमा होती है, दूसरे में सम्भावना। सम्भावना के कारण कब किस प्रसंग में किस वस्तु के लिए क्या उपमान बन जाए—यह कहा नहीं जा सकता। आमतौर पर कविता के वर्ण्य विषय को उपमान के लिए संसार के किसी ऐसे पदार्थ की अपेक्षा होती है, जो कवि और पाठक दोनों के लिए पूर्वानुभूत रहा हो। पर ऐसा भी हो सकता है कि कवि संसार की किसी वस्तु के लिए कविता की दुनिया से उसके अपने उपमान खोज कर लाए। लक्ष्मीधर यह भी करते हैं। वे द्वारका के बाजार की गलियों को रघुवंश, शिशुपालवध, बाण के गद्य और महाभारत से उपमित कर देते हैं—

रसैः स्फुटैरर्थसमैर्वचोभिरर्थैरपूर्वैः सदलङ्क्रियाभिः।
ददर्श तस्यां रघुमाघबाणव्यासायमाना व्यवहारवीथीः॥

(8.60)

द्वारका के बाजार की गलियों में भी रस है, अर्थ की चमक है, वचनों की लड़ियाँ हैं और अपूर्व अलंकार हैं। इस तरह वे गलियाँ कालिदास, माघ, बाण और व्यास की कविता की तरह हैं।

उपमा सारे अलंकारों में सबसे ज्यादा पारम्परिक और पुराना अलंकार कहा जा सकता है। पर सबसे ज्यादा नया कह पाने की गुंजाइश उसमें बराबर बनी रही है। उपमा है, इसलिए प्रत्युपमा भी है। कालिदास ने अपनी नायिका को उपमानों के लिए प्रत्युपमान कहा। यह उपमा को बार-बार नकारकर फिर उपमा में लौटना है—जैसे 'उड़ि जहाज को पंछी फिरि जहाज पर आवे।' क्योंकि उपमा कविता के लिए धरती है।

उपमा का सबसे प्राचीन लक्षण गार्ग्य नामक आचार्य ने किया था। गार्ग्य का लक्षण यास्क (सातवीं शताब्दी ईसा पूर्व) ने अपने निरुक्त में उद्धृत किया है। यह लक्षण है—''उपमा अतत् तत्सदृशम्'' अर्थात् जो जैसा न हो, उसे वैसा बता देने में उपमा है। आमतौर पर माना जाता है कि दो समान वस्तुओं में साधर्म्य बताना उपमा है। पर ईसा के भी करीब एक हजार वर्ष या उससे पहले उपमा का जो लक्षण भारतीय विचारक ने दिया, उसके अनुसार दो समान वस्तुओं में नहीं दो असमान वस्तुओं में समानता दिखा देने में उपमा है। वस्तुएँ भी अलग-अलग होती हैं और उनमें समानता अविदित हुआ करती है। लोग नहीं जानते कि इन दो वस्तुओं में भी कुछ समानता हो सकती है। कवि वहाँ समानता स्थापित करता है। इसी के आधार पर आगे चलकर दंडी ने कहा कि उपमा में सादृश्य उद्भावित या कविकल्पित होता है। गार्ग्य ने उपमा का लक्षण ही नहीं किया, उन्होंने उपमा

के पाँच भेद भी बताए।

काव्यविश्व को समग्र बनाने के लिए उपमा का उपयोग सनातन काल से होता आया है। और गार्ग्य आचार्य से लगाकर आज तक के काव्य के अलंकारों में अधिक चर्चित अलंकार भी उपमा ही रहा है। उपमा के प्रपंच पर सत्रहवीं शताब्दी के महान् दार्शनिक और काव्य के मर्मज्ञ आचार्य अप्पय दीक्षित ने तो अपनी चित्रमीमांसा में अनेक सुपुष्ट सन्दर्भों और मौलिक चिन्तन के साथ उपमा पर एक खासी थीसिस ही लिख डाली है। उन्होंने अपनी थीसिस के उपोद्घात में उपमा को ऐसी शैलूषी (नर्तकी) बताया, जो काव्य के रंगमंच पर तरह-तरह की भूमिकाओं में प्रकट होती आ रही है, और अपने नाच से काव्य को जाननेवालों के चित्त रंजित करती आ रही है। उपमा ही भंगिमा के भेद से अनेक अलंकार के रूप धारण कर लेती है। सुन्दरी स्त्री का मुख चन्द्रमा के समान है—ऐसा कहने पर यदि मान लिया जाए कि उपमा हुई, तो इसी को प्रकारान्तर से कहने पर अप्पय दीक्षित के अनुसार असंख्य अलंकार बनते हैं। जैसे—

*चन्द्रमा के जैसा मुख है, मुख के जैसा चन्द्रमा है—**उपमेयोपमा**।*

*मुख मुख के जैसा ही है—**अनन्वय**।*

*चन्द्रमा मुख के जैसा है—**प्रतीप**।*

*चन्द्रमा को देखकर मुझे उसका मुख याद आया—**स्मरण***

*मुख ही चन्द्रमा है—**रूपक***

*मुखचन्द्र से ताप का शमन हुआ—**परिणाम***

*यह मुख है या चन्द्रमा—**सन्देह**;*

*इसे चन्द्रमा समझकर चकोर उसकी ओर चले आ रहे हैं—**भ्रान्तिमान्**;*

*चन्द्रमा समझकर चकोर और कमल समझकर चंचरीक तुम्हारे मुख पर अनुरक्त हो रहे हैं—**उल्लेख**;*

*यह मुख नहीं चन्द्रमा है—**अपह्नुति**;*

*मुझे तो लगता है कि चन्द्रमा ही है—**उत्प्रेक्षा**;*

*यह चन्द्रमा चमक रहा है—**अतिशयोक्ति**;*

*मुख के द्वारा चन्द्रमा और कमल दोनों जीत लिए गए—**तुल्ययोगिता**;*

*रात में चन्द्रमा चमकता है, दिन में तुम्हारा मुख—**दीपक**;*

*मैं तुम्हारे मुख पर अनुरक्त हुआ, चकोर चन्द्रमा पर ही अनुरक्त होता है—**प्रतिवस्तुपमा**;*

*आकाश में चन्द्रमा चमक रहा है, धरती पर तुम्हारा मुख दमक रहा है—**दृष्टान्त**;*

मुख चन्द्रमा की शोभा धारण कर रहा है—**निदर्शना**;
निष्कलंक मुख चन्द्रमा से अधिक सुन्दर है—**व्यतिरेक**;
तुम्हारे मुख के साथ चन्द्रमा रात में चमक रहा है—**सहोक्ति**;
काली पुतलियों के चिह्नवाला मुस्कान की चाँदनी से यह मुखशोभित है—**समासोक्ति**;
लक्ष्मी का निवास होने से मुख चन्द्रमा के समान है—**श्लेष**।
मुख के सामने चन्द्रमा निष्प्रभ है—**अप्रस्तुतप्रशंसा**।

अप्पय दीक्षित इस तरह के उदाहरण देकर कहते हैं कि केवल उपमा को समझ लिया जाए, तो समस्त काव्यविश्व को समझा जा सकता है, ठीक ऐसे ही जैसे ब्रह्म को जान लिया जाए, तो ज्ञानी इस संसार को जान ही लेता है।

न्यायदर्शन में उपमान एक प्रमाण माना गया है। जिस वस्तु से किसी अन्य वस्तु का सादृश्य बताया जाए, वह प्रमेय वस्तु का ज्ञान कराने में साधक हो जाता है। 'क' ख' के समान है—इस वाक्य में 'ख' पहले से जाना हुआ है। इसलिए वह 'क' का बोध कराने में साधक बन जाता है। इस तरह उपमान प्रमाण का उपयोग किसी प्रमेय का स्वरूप जानने के लिए किया जाता है। उपमा अलंकार का भी वास्तव में तो ध्येय यही है—कविता के संसार में वर्ण्य के स्वरूप का तात्त्विक बोध कराना। किन्तु 'क' 'ख' के समान है—ऐसा कहने पर क और ख की समानता का ही बोध होता है। यह समानता यदि सत्य है, तो सत्य यह भी है कि क और ख अलग-अलग पदार्थ हैं। अतः क ख नहीं है। कविता के विचार में उपमान और उपमेय के प्रचलित उदाहरणों को लेकर यह कहा जाए कि मुख चन्द्रमा नहीं है—तो कौन-सा अलंकार बनेगा? यह औपम्य का निषेध है। इसे प्रत्यभिज्ञा अलंकार कह सकते हैं। उपमा वस्तु के एक धर्म की ही पहचान कराती है। प्रत्यभिज्ञा अलंकार वस्तु की पहचान उसकी अपनी अद्वितीयता में कराता है।

यह सत्य है कि सुन्दर स्त्री का मुख चन्द्रमा के समान है—ऐसा कह देने से कविता में उपमा अलंकार नहीं बनता। जब मुख को चन्द्रमा से उपमित किसी ने भी नहीं किया था, उस समय वाल्मीकि जैसे कवि ने मुख के लिए चन्द्रमा की उपमा दे दी। उस समय तो मुँह और चन्द्रमा का सादृश्य एक अविदित और अपूर्व तथ्य रहा होगा। अब इस उपमा को इन्हीं शब्दों में दोहराने से काव्य की उपमा नहीं बनती, शास्त्र में समझाने के लिए इसे उपमा के उदाहरण के रूप में भले दिया जाता रहे। इसीलिए अप्पय दीक्षित ने अपने उपमा लक्षण में उपमान और उपमेय के मात्र साधर्म्य में नहीं हृद्य साधर्म्य में उपमा मानी है। उपमा में हृद्यता अपूर्वता या उद्भावना के कारण ही आ सकती है।

अप्पय दीक्षित ने ही उपमानिरूपण में वाल्मीकि का एक पद्य उद्धृत किया है। यह पद्य विरही राम की उक्ति है। सेतबुन्ध के बाद समुद्र पार करके दिन भर के काम से थके राम सन्ध्या के समय बैठे हैं और उनकी दृष्टि त्रिकूट पर्वत पर सामने बसी लंका पर जाती है, जिसके भीतर कहीं सीता है। इस समय का उनका यह कथन है–

वाहि वात यतः कान्ता स्पृष्ट्वा तां मामपि स्पृश।
त्वयि मे गात्रसंस्पर्शश्चन्द्रे दृष्टिसमागमः॥

(पवन, तुम उस स्थान से बहकर आओ, जहाँ सीता है और उसे छूकर फिर मुझे छुओ। तब तुम्हारा छूना मुझे ऐसा लगेगा जैसे चन्द्रमा से दृष्टि का समागम हुआ हो।)

यहाँ निहितार्थ सीता को चन्द्रमा के समान बताने में है। इससे उपमा-ध्वनि यहाँ बनती है। चन्द्रमा भी अलभ्य है, उसी तरह इस समय राम के लिए सीता अलभ्य है। चन्द्रमा से केवल दृष्टि का समागम हो सकता है, सीता से तो इतना ही योग सम्भव है कि मान लिया जाए कि जो हवा बहती आ रही है, वह उसी को छूकर आई है।

सीता के चन्द्रमा के समान होने की उपमा को यहाँ शब्द से न कहकर ध्वनित कराया गया है। इस ध्वनित होने में कथा-प्रसंग के कई सन्दर्भ इस तरह आ जुड़ते हैं कि यह उपमाध्वनि अपनी अलग ही चमक और हृद्यता ग्रहण कर लेती है। फिर ध्वनित होकर यह उपमा अर्थों की कई अनुगूँजें छोड़ जाती है। चन्द्रमा जिस तरह दूर और अलभ्य है, इस समय राम के लिए सीता भी उसी तरह दूर और अलभ्य है। अतः इस उपमा में केवल सौन्दर्य नहीं, उसकी अपेक्षा अलभ्यता, और स्पृहणीयता–ये साधारण धर्म यहाँ ज्यादा सटीक बनकर उभरते हैं। सीता जहाँ है, वहाँ से बहती हुई हवा का यहाँ आना भी चन्द्रमा की किरणों का आकाश से उतरकर आने की तरह है और सुखद है। चन्द्रमा और नायिका के बीच की इस तरह की समानता सर्वत्र नहीं हो सकती, यह इस तरह की असाधारण स्थिति में ही सम्भव है। अतः ध्वनित और उपमा जिस साधारण धर्म को यहाँ ध्वनित करते हैं, वह सारे पद्य को असाधारण बना देता है।

यह साधारण धर्म कवि के द्वारा उद्भावित है। कवि इस तरह दो वस्तुओं के बीच सर्वथा अज्ञात साधारण धर्म का आविष्कार कर सकता है। नगर चन्द्रबिम्ब की तरह सकलकल हो गया (सकलकलं पुरमेतज्जातं सम्प्रति सुधांशुबिम्बमिव)–यहाँ श्लेष के द्वारा उपमा दी गई है। नगर और चन्द्रमा में कोई समानता नहीं। सकलकल शब्द के प्रयोग में खेल करते हुए उसे दोनों का समान

धर्म बता दिया गया है। चन्द्रमा सकलकल (सकल कलाओं से युक्त) है, नगर भी सकलकल या (कोलाहल से युक्त) है। इस तरह दोनों में समानता है।

कविता में ही यह सम्भव होता है कि परस्पर विपरीत वस्तुओं को भी कवि समान बता दे, और भावक को स्वीकार करना पड़े कि हाँ ये वस्तुएँ यों तो एक दूसरे से विपरीत हैं, पर उनमें समानता है। स्थूल को सूक्ष्म से मूर्त को अमूर्त से उपमित कर दिया जाता है। वाल्मीकि ने अशोकवाटिका में स्थित सीता के लिए अमूर्त उपमानों का प्रयोग किया है। अशोक वाटिका में राक्षसियों से घिरी सीता कवि को दूषित कर दी गई यज्ञवेदिका के समान, शान्त अग्निशिखा के समान, राहु से ग्रस्त पौर्णमासी निशा के समान, अवसन्न महाकीर्ति के समान, अपमानित श्रद्धा के समान, परिक्षीण हुई बुद्धि के समान, प्रतिहत हुई आशा के समान लगती है।

अन्त में कहा गया है–

तस्य सन्दिदहे बुद्धिस्तथा सीतां निरीक्ष्य च।
आम्नायनामयोगेन विद्यां प्रशिथिलामिव॥
दुःखेन बुबुधे सीतां हनूमाननलङ्कृताम्।
संस्कारेण यथा हीनां वाचमर्थान्तरं गताम्॥

(स्वाध्याय के अभाव में शिथिल पड़ी हुई विद्या के समान उस सीता को देखकर पहले हनुमान की बुद्धि सन्देहग्रस्त हो गई कि क्या ये ही सीता होंगी? फिर कठिनाई से उन्होंने अनलंकृत उस सीता को पहचाना, जैसे संस्कार से रहित हुई और अन्य अर्थ को प्राप्त वाणी कठिनाई से समझ में आती है।)

जितना साहित्य पढ़ा है, उसमें इससे बढ़िया उपमा देखने में नहीं आई। निरन्तर स्वाध्याय न किया जाए, तो अपनी स्वयं की ही विद्या बिसर जाती है। शब्द वे ही रहते हैं। जिन संस्कारों से वे ठीक-ठीक अर्थ देते आए थे, उन्हें त्याग दिया जाए, तो उनके अर्थ बदलने लगते हैं। सीता के लिए आम्नाय के अयोग से प्रशिथिल पड़ी विद्या और संस्कार से रहित होकर अन्य अर्थ से जुड़ गई वाणी के ये उपमान सहस्राब्दियों की परम्परा से उपजे हैं। उनके द्वारा सीता वाल्मीकि के लिए क्या है–यही सूचित नहीं कर दिया गया, हनुमान को उन्हें पहचानने में दिक्कत क्यों हुई और वे कैसे उन्हें पहचान सके यह अप्रत्यभिज्ञा और प्रत्यभिज्ञा की सारी प्रक्रिया भी सांस्कृतिक बोध के साथ यहाँ प्रकट होती है।

लक्ष्मीधर ने लोक के पदार्थ (द्वारका के बाजार की गलियों) के लिए कविता की दुनिया से उपमा दी थी। मुक्तिबोध ने अपनी एक कविता में लगभग इसका

उल्टा किया है। "शब्दों का अर्थ जब" मुक्तिबोध की लगभग 11 पृष्ठों की लम्बी कविता है, जिसमें अर्थ के लिए उपमानों के अम्बार लगाए गए हैं। मुक्तिबोध आज के जीवन में भ्रष्ट हो चुकी वाणी के अमूर्त उपमेय को मूर्त उपमानों के द्वारा परिभाषित करते हैं। वाल्मीकि ने संस्काररहित वाणी को उपमान बनाया था, यहाँ वह उपमेय बना दी गई है, वह भी बहुत भिन्न सन्दर्भ में।

वेश्या की देह से
तैरते तरते व चढ़ते हुए कंपभरे
भड़कीले वस्त्रों सा
सकुचाता सिहर जाए
शब्दों का अर्थ जब
किराए के शृंगार दागों सा उभर आए आदतन
शैया की चमकीली
चादर-सा फुसकाता हँस जाए
बिके हुए कमनीय कपोलों पर
पापों के फूलों सा मुस्कराए
शब्दों का अर्थ जब।

(मुक्तिबोध रचनावली, भाग-2, 1985, पृ. 35)

शब्द का अर्थ स्थूल या मूर्त पदार्थ नहीं है। वेश्या के देह से तैरते, तरते कँपभरे भड़कीले वस्त्र मूर्त पदार्थ हैं। पर मुक्तिबोध ने अपने इस तरह के मूर्त उपमानों में यहाँ अनेक अमूर्त भावों का अन्तःसंक्रमण भी करा दिया है। वस्त्र तिरते, तरते और कंपभरे ही नहीं, सकुचाते और सिहरते भी हैं। शैया की चमकीली चादर फुसकाकर हँसती है। बिके हुए कमनीय कपोलों पर पापों के फूल मुस्काते हैं। पाप अमूर्त है, फूल मूर्त। मूर्त और अमूर्त उपमेय या उपमान के रूप में अलग अलग नहीं रह गए, वे संकीर्ण और सम्मिश्र हो गए हैं।

मुक्तिबोध के लिए भ्रष्ट हुआ अर्थ "श्रद्धा के द्वारों पर लगे हुए/स्वार्थों के तालों सा" (वही, पृ. 35) या "लक्ष्यों की अकुलाती/यशवन्ती कीर्ति-उषा/के खुले हुए वातायन/में से यों चोरी से झाँककर/भीतर द्रुत कूदकर/उस घर का वासी विश्वासी बन/सज्जन कहलाता है" (वही, पृ. 37)।

श्रद्धा और कीर्ति सीता के लिए उपमान बनकर ऊपर चर्चित वाल्मीकि के काव्य में आए हैं। पर यशवन्ती कीर्ति-उषा से क्या आशय? यहाँ यश, कीर्ति और उषा तीन तो विशेषण-विषेष्य भाव से मिला दिया गया है। इन पंक्तियों के साथ मुक्तिबोध का नाम न जुड़ा होता, तो पहले पाठ में हमारे जैसे लोग इसे उठाकर

अलग पटक सकते थे। कीर्ति और यश पर्याय हैं। कीर्तिमयी कीर्ति या अकीर्तिमयी कीर्ति जैसे विशेषण-विशेष्य मुक्तिबोध जैसे कवियों की कविता में ही सम्भाव्य हैं। आगे चलकर अर्थ को नपुंसक आत्मा-सा/सज्जन की वंचना-स्वप्नों-सा, धोखों-सा/सज्जन के वैचारिक खोखों-सा" कहा गया है।

अर्थ अपने आपमें अमूर्त ही है। उसके लिए मूर्त उपमानों का प्रयोग उस जीवन से उठाकर किया गया है, जो आज का ठोस-बेलौस यथार्थ है और जो उस अर्थ को भ्रष्ट करने में लगा हुआ है। ऐसी स्थिति में कवि को शब्दों का अर्थ "उन पापी आत्मजात पुत्रों-सा" लगता है, जो "अहं के बेतों से/लक्ष्यों को कि पिता को मार-मार/बरसाती रातों में पैत्रिक भवन में से/देते हैं निकाल ज्यों" (वही, पृ. 38)। यहाँ उपमा के साथ रूपक का संकर हुआ है। अर्थ के बेटे अहंकार रूपी बेंत से लक्ष्य रूपी पिता को मार-मारकर घर से बाहर निकाल रहे हैं। ऐसे बेटों को शब्दों के अर्थ के लिए फिर उपमान बनाया गया है। बूढ़े बाप को बरसात के दिनों में घर से निकाल बाहर करनेवाले बेटों का यह उपमान आज के समाज से आया हुआ लगता है। बरसात के दिन गर्दिश के दिन या गाढ़े वक्त को सूचित करता है। संस्कृत में इसके लिए शब्द है–दुर्दिन–जो बरसात के दिन के लिए भी प्रयुक्त होता है और गर्दिश के दिन के लिए भी।

मुक्तिबोध को शब्दों का अर्थ 'सामाजिक-आध्यात्मिक/शोषण के जलप्रलय/पूरों में, बाढ़ों में/जन-जन की अनगिनत/बहती हुई लोथों-सा/पूर्तिहीन जलसुलभ/कांक्षा-स्वप्न–मानों बालवृन्दों/के तोड़े-मरोड़े गए/कटे-छँटे हाथों-सा" लगा है। यहाँ भी उपमा और रूपक का सांकर्य है।

इस विकृत कर दिए गए अर्थ के अलावा "जन-जन की आस्था में मनुष्य की अन्तरात्मा में" कहीं अविकृत अर्थ बचा हुआ है, "शब्दों के अर्थों में जन-जन के चेहरे जगमगाते हैं/चमकती हैं आँखें ये/अनुभव दमकते हैं/शब्दों के अर्थों में" (वही, पृ. 42)। कविता के उत्तरार्ध में मुक्तिबोध पहले बिछाए गए उपमानों के जाल के लिए प्रत्युपमानों का जाल रचते हैं। तब अर्थ उनके लिए 'जन-जन के लक्ष्यों के/संघर्षी के मार्गों पर/चलने को आतुर उन/श्रद्धानत पुत्रों के अन्तर में मन में है/आलोकित/ (अपने ही झुके हुए मस्तक के नीचे हैं/दीपित शत/अनुभव रज धूसर उन/पिताश्री के माता श्री के/चरणों के पावन नख मणियों-सा' भासित होता है। चरणनख के लिए मणि का उपमान पारम्परिक काव्य में बहुप्रयुक्त होने से घिसा-पिटा सा ही है। विश्वासघाती पुत्रों की जगह श्रद्धानत पुत्रों के उपमान के आने पर उससे जुड़ी उपमानों की श्रृंखला भी परम्परा से जुड़कर आती है। ऐसी स्थिति में पूरी कविता की संरचना अद्वितीय हो गई है। मुक्तिबोध शब्द और अर्थ

के बीच तनाव की बात करते हैं। ''अनर्थ जब शोषण की दुनिया का/नियम और/जनता का नियम जबकि/संघर्षी दिग्विजय/तो शब्दों का अर्थ भी/अलग-अलग होता है'' (पृ. 42)। इसके तुरन्त बाद वे एक अलग तरह का उपमान विन्यस्त कर देते हैं–

माँओं के बहनों के/आँसुओं सिंची गेहूँ की फसलों पर/फैले धूप-आतप का स्वर्ण अलग होता है/माँओं पिताओं की आत्मा में/बहती हुई ममतामय गंगा की कल्याणी यमुना की तरंगों का/वर्ण अलग होता है। (वही, पृ. 42)

उपमानों की तुक के साथ-साथ स्वर्ण और वर्ण में यहाँ तुक पैदा की गई है। उधर सज्जन के वंचना स्वप्नों के धोखों और उसी के वैचारिक खोखों की तुक है, तो इधर गेहूँ की फसलों पर फैले धूप के स्वर्ण के साथ गंगा और यमुना की तरंगों के वर्ण की तुक। इस तुक के द्वारा मुक्तिबोध ने माओं-पिताओं की आत्माओं में बहती स्नेहमयी गंगा-यमुना का गेहूँ की फसल पर पड़ती धूप के साथ उपमान-उपमेयभाव व्यंजित भी करा दिया है।

गेहूँ की फसल इस धरती पर उपजी वस्तु है। उस पर फैला धूप आतप का स्वर्ण आकाश से आया हुआ है। यही लोक में लोकोत्तर का अवतरण है। उपमान उपमेय से जुड़कर सार्थक होता है, अन्यथा वह कहीं अज्ञात और अन्धकार में पड़ा रहता है। मुक्तिबोध के काव्य में आतप गेहूँ की फसल पर बिछकर स्वर्ण बन गया है। कविता लोक में लोकोत्तर के संकर और संसृष्टि को इसी तरह रचती है।

कविता में सपनों और सम्भावनाओं की आहट

एक विशाल चट्टान के ऊपर
एक चट्टान इस तरह रखी हुई है
कि अभी-अभी गिरने को है
यह अभी-अभी गिरने को है पुरातन है
अभी-अभी गिरने को है जैसे शाश्वत है,
अभी-अभी गिरने को है एक भविष्य है
पर जो अभी-अभी गिरने को है
कब से नहीं गिर रहा है
और इसके नीचे से एक रास्ता जा रहा है
यह कितना नवीन है
कि इस अभी-अभी गिरने को चट्टान की
छाया में
अभी एक चरवाहा आकर खड़ा हो गया है।

विनोदकुमार शुक्ल की इस कविता के सारे निहितार्थों को अभी परे रखते हुए उसमें निरूपित जो निपट भौतिक विश्व है उस पर पहले दृष्टि डाली जाए। एक चट्टान के ऊपर दूसरी चट्टान रखी हुई है—यह दृश्य आमतौर पर किसी भी गाँव, शहर के बाहर या यात्रा के अवसर पर नज़र आ जाता है। ऊपर रखी हुई चट्टान नीचे की चट्टान पर टिकी हुई-सी लगती है, और लगता है ग़ोया वह गिर ही पड़ेगी। पर हम हर बार ऐसी चट्टानों के पास से गुजरते हैं और उन्हें यथावत् पाते हैं। इन चट्टानों के नीचे जानेवाला रास्ता नया होता रहता है। उस रास्ते पर कोई चरवाहा खड़ा दिख सकता है। यह सामान्य दृश्य है। इसका निरूपण करते हुए कवि ने यहाँ उत्प्रेक्षाओं और विरोध के द्वारा इस निपट भौतिक दृश्य के ऊपर एक और दृश्य रच दिया है। यह रचा गया दृश्य कवि के अपने मन में है, जिसे चट्टानों की उक्त भौतिक संरचना पर आरोपित किया गया है।

"ऐसा लगता है जैसे", "ग़ोया कि"–इस तरह के शब्दों का प्रयोग करते हुए जब कोई सम्भावना व्यक्त की जाए, तो वहाँ उत्प्रेक्षा अलंकार होता है। आचार्यों ने "सम्भावन" को उत्प्रेक्षा की पहचान बताया है। तकनीकी दृष्टि से सम्भावन का अर्थ वह नहीं है, जिसे हिन्दी में सम्भावना कहा जाता है। सम्भावन पारिभाषिक अर्थ में उत्कटकोटिक सन्देह है। सन्देह करते समय "मुख है या चन्द्रमा है"–इस तरह की दो कोटियाँ रहती हैं। दोनों कोटियों पर बराबर वज़न हो, तो सन्देह अलंकार होगा, जब किसी एक कोटि का पलड़ा भारी हो जाए और यह कह दिया जाए कि मुझे तो लगता है हो न हो चन्द्रमा ही है–तो यही उत्प्रेक्षा अलंकार हो जाता है। उत्प्रेक्षा इस तरह सारे अलंकारों में सबसे अधिक विषयीनिष्ठ है। इसके बावजूद सत्य के सर्वाधिक निकट पहुँचने की सबसे अधिक कोशिश कवि इस अलंकार में करता है। उत्प्रेक्षा जाग्रत और सचेत स्रष्टा का स्वप्न है, जो चरितार्थ होने होने को है। यह भी जाहिर है कि जब तक उत्प्रेक्षा अलंकार है, तब तक यह स्वप्न चरितार्थ नहीं हो सकता, विनोदकुमार शुक्ल की कविता की चट्टान की तरह जो अभी-अभी गिरने को है, पर कब से नहीं गिर रही है।

विषय (उपमेय) का विषयी (उपमान) में समा जाना अध्यवसान है। रुय्यक ने उत्प्रेक्षा को 'साध्य अध्यवसान' कहा है। रूपक, उत्प्रेक्षा और अध्यवसान पर आधारित अतिशयोक्ति ये तीनों ही अभेदमूलक अलंकार हैं। इनमें से रूपक में विषय पर विषयी का आरोप होता है, उत्प्रेक्षा और अतिशयोक्ति में अध्यवसान। अध्यवसान भी दो प्रकार का होता है–साध्य और सिद्ध। उत्प्रेक्षा में अध्यवसान साध्य होता है।

उत्प्रेक्षा शब्द ईक्ष (देखना) धातु में उत् और प्र उपसर्ग लगाकर बना है। उत्कृष्ट की प्रेक्षा या उत्कृष्ट प्रेक्षा उत्प्रेक्षा है। उत् उपसर्ग ऊपर का अर्थ सूचित करने के लिए लगाया जाता है। इस तरह उत्प्रेक्षा ऐसी प्रकृष्ट दृष्टि है, जो ऊपर के विश्व पर केन्द्रित है। उत्प्रेक्षा अलंकार में उपमान की ही सम्भावना उपमेय में होती है, उपमेय की सम्भावना उपमान में नहीं और उपमान का भी उत्कृष्ट होना आवश्यक है। भामह और दंडी कहते हैं कि सादृश्यमूलक अलंकार होने पर भी उत्प्रेक्षा में सादृश्य कम सम्भावना अधिक होती है। दंडी ने काव्यादर्श (2/211) में वस्तुओं में अन्यथावृत्ति या कुछ और हो जाने का दर्शन होने को इसका मुख्य लक्षण माना है। उद्भट ने लोकातिक्रान्त सम्भावना को उत्प्रेक्षा माना है।

लोकातिक्रान्त सम्भावना का यह जो लक्षण आचार्य परम्परा उत्प्रेक्षा के सम्बन्ध में स्वीकार करती आई है, उसके कारण उत्प्रेक्षा पूरी तरह सादृश्यमूलक अलंकार नहीं रह गया। वह सादृश्यमूलक अलंकारों के प्रपंच को भी अतिक्रान्त कर जाता है। उत्प्रेक्षा में कई बार तो उपमेय ही अज्ञात होता है। केवल एक के

गुण की दूसरे में सम्भावना करने पर ही नहीं, क्रिया की सम्भावना करने पर भी उत्प्रेक्षा होती है। इस तरह मम्मट आदि ने वस्तूत्प्रेक्षा, हेतूत्प्रेक्षा, और क्रियात्पेक्षा– ये तीन उत्प्रेक्षा के भेद माने हैं।

'मृच्छकटिक' नाटक में नायक चारुदत्त गहरे अँधेरे से गुजर रहा है। उस समय की उसकी उक्ति है–

लिम्पतीव तमोऽङ्गानि वर्षतीवाञ्जनं नभः।
असत्पुरुषसेवेव दृष्टिर्विफलतां गता॥

अँधेरा जैसे लीप रहा है देह का हर पोर
आकाश जैसे बरसा रहा है काजल
विफल होकर रह गई है दृष्टि
जैसे कि हो जाती है विफल
चाकरी नीच की। (वही, 1 / 34)

अँधेरा यहाँ प्रस्तुत होने से उपमेय कहा जा सकता है, पर उपमान क्या है? अँधेरे के लिए उपमान कोई भी यहाँ नहीं दिया गया है। लीपने की क्रिया की सम्भावना उसमें की गई है। लीपनेवाला कोई चेतन या मनुष्य ही हो सकता है। मूल में अँधेरे के लिए क्रिया है–लिम्पति–जिसके अर्थ लीप रहा है, लपेट रहा है, ढाँप रहा है–ये हो सकते हैं।

शूद्रक का यह पद्य उपमा और उत्प्रेक्षा में अन्तर बताने के लिए भी उद्धृत किया जाता रहा है। इसके पूर्वार्ध में उत्प्रेक्षा है, उत्तरार्ध में उपमा। अँधेरा मानो देह को लीप रहा है, और आकाश मानो काजल बरसा रहा है–यह कहना सम्भावना है। दृष्टि का नीच व्यक्ति की सेवा की तरह विफल होना उपमा है और एक वास्तविकता है। जिस स्तर पर उपमा वास्तविकता को व्यक्त करती है उस स्तर से उत्प्रेक्षा एक स्वप्न और मिथ्या प्रपंच लगती है। पर यह स्वप्न और मिथ्या प्रपंच सत्य को उन्मीलित करने के लिए ही होता है। भर्तृहरि ने वाक्यपदीय में कहा है–असत्ये वर्त्मनि स्थित्वा ततः सत्यं समीहते।

दरअसल उपमा और उत्प्रेक्षा की सीमाएँ एक दूसरे से मिलती हैं, बीच में दीवार की जगह बहुत पतली रेखा भर है। यहाँ तक कि वाचक शब्दों में 'इव' (जैसे) या इस तरह के अन्य शब्द उपमा में भी काम में लिए जाते हैं और उत्प्रेक्षा में भी। कई बार उपमा है या उत्प्रेक्षा इसके निर्णय के लिए आधार यही रह जाता है कि कवि सम्भावित उपमानों को जुटा रहा है, या लोक में देखी जानी वस्तुएँ उपमान के रूप में रख रहा है।

लहरों में खिला कमल नहाये जैसे
दोशीजा-ए-सुब्ह गुनगुनाए जैसे
ये रूप, ये लोच, ये तरन्नुम ये निखार
बच्चा सोते में मुस्कुराए जैसे।

फ़िराक़ की इन पंक्तियों में नायिका के लिए लहरों में नहाते कमल और सोते में मुस्काते बच्चे के उपमान लोक में प्राप्त हैं, पर गुनगुनाती हुई सुबह की देवी का उपमान कवि की सम्भावना है। यदि केवल पानी की लहरों में खिले हुए कमल को ही उपमान बनाया जाता, तो सीधे-सीधे उपमा ही होती, पर लहरों में नहाते हुए कमल को उपमान बनाया गया है, जिससे अचेतन में चेतन की क्रिया सम्भावित किए जाने से उत्प्रेक्षा की स्थिति हो जाती है। इस पूरे बन्ध में मालोपमा मानी जाए या अन्तिम पंक्ति में उपमा और पहली तथा दूसरी पंक्ति में उत्प्रेक्षा मानकर इसे उपमा और उत्प्रेक्षा का संकर कहा जाए?

बाग़-ए-जन्नत पे जैसे घटा बरस के खुल जाय
सोंधी-सोंधी ये तेरी खुशबू-ए-बदन क्या कहना
दिल के आइने में इस तरह उतरती है निग़ाह
जैसे पानी में लचक जाये किरन क्या कहना!

यहाँ नायिका के देह से उठती सुवास के लिए स्वर्ग के नन्दन उद्यान में मेघमाला के बरस कर खुल जाने से बना माहौल उपमान है। मन के दर्पण में उसकी दृष्टि के उतरने के लिए जल में लचककर प्रवेश करती किरण का उपमान है। स्वर्ग के उद्यान का होना एक सम्भावना है। उसमें मेघ के बरसकर खुल जाना एक और सम्भावना है। पानी में प्रकाश की किरण का प्रवेश और उसका लचकना भी इसी तरह सम्भावनाएँ हैं। यहाँ स्पष्ट ही उपमान होकर उत्प्रेक्षा है, क्योंकि इन उपमानों का होना कविकृत सम्भावना या उसका उत्कटकोटिक सन्देह है।

उपमा जब सम्भावनाओं के द्वार खोलने लगे, तो वही उत्प्रेक्षा बन जाती है। एक अर्थ में यह लोक से लोकोत्तर में या आधिभौतिक से आधिदैविक में संक्रान्ति है।

अँधेरे में लीपने या लपेटने की क्रिया की शूद्रक ने उत्प्रेक्षा या सम्भावना की है। लीपने या लपेटने की क्रिया चेतन में हो सकती है। उत्प्रेक्षा के कारण मानो अँधेरा चेतन प्राणी की क्रिया कर रहा है। सम्भवतः इस पद्य से प्रभावित होकर दंडी ने चेतन या अचेतन में अन्यथावृत्ति की सम्भावना देखने को उत्प्रेक्षा कहा है। इस तरह उत्प्रेक्षा जड़ चेतन के भेद को निरस्त कर देती है।

इस लेख के आरम्भ में उद्धृत विनोदकुमार शुक्ल की कविता में कवि को

लगता है कि एक विशाल चट्टान के ऊपर रखी हुई चट्टान अभी-अभी गिरनेवाली है। इसमें चट्टान न उपमेय है, न उपमान। फिर भी यहाँ उत्प्रेक्षा अलंकार की स्थिति है। क्योंकि चट्टान की अभी-अभी गिरने को होने की सम्भावना प्रकट की गई है। इस तरह यहाँ क्रियोत्प्रेक्षा है। पर जो अभी-अभी गिरने को है वह लगता है कि शाश्वत है, और जो अभी-अभी गिरने को है, वह कब से नहीं गिर रहा है–इन कथनों में उत्प्रेक्षा और विरोध अलंकारों का सांकर्य हो गया है।

उत्प्रेक्षा में जो सम्भावना बताई जाती है, वही यकीन में बदल जाए, तो ये अलंकार बन सकते हैं–भ्रान्मिान्, रूपक, अतिशयोक्ति और समासोक्ति। ये सभी अभेदमूलक अलंकार हैं।

आगे बढ़ते हुए
मैंने उसे मुस्कराहट लिए हुए
कई-कई बार देखा
देखता हुआ मैं आगे बढ़ता रहा
देखा उसकी हँसी मेरा पीछा कर रही है।

हँसी हकीकत में निपट भौतिक स्तर पर पीछा नहीं किया करती। पर कवि त्रिलोचन को विश्वास है कि चित्रा जांबोरकर की हँसी उसके पीछे चली आ रही है। हँसी के पीछा करने की बात में न सन्देह व्यक्त किया है, न भ्रम; न मानो, ग़ोया कि लगाकर उसकी सम्भावना का अवकाश रचा गया है। हँसी का पीछा करना त्रिलोचन के लिए निपट सच्चाई है, और बात यहाँ पीछा करती हुई हँसी की ही नहीं की गई है, उस हँसी को पीछा करते देखे जाने की कही गई है। कोई उपन्यासकार या कथाकार इस प्रसंग का एक वाकये की तरह बयान करता तो वह लिखता–"उसे पीछे मुड़कर देखता हुआ मैं आगे बढ़ता रहा। उसकी हँसी मेरा पीछा कर रही थी।" इस तरह से भौतिक स्तर पर जो झूठ है, वह कविता में ज्यादा बड़े व्यापक स्तर पर एक बड़ा सच बनकर सामने आता है। हँसी पर अन्य (चेतन) के धर्म का आरोप होने से यहाँ समासोक्ति है।

प्रकृत पर अप्रकृत के व्यवहार का आरोप न करके सीधे प्रकृत पर ही अप्रकृत को आरोपित कर दिया जाए, तो रूपक अलंकार बनता है। उत्प्रेक्षा और समासोक्ति की भाँति यह भी एक असाधारण सत्य को प्रकट करने के लिए कविता में प्रयुक्त होता है, और यह सत्य को परिभाषित करते हुए प्रकट करता है। कभी-कभी जो रूपक रचा जाता है, वह कवि का अपना सत्य भी हो सकता है।

सबसे उधार माँगा, सबने दिया
यों मैं जिया, और जीता हूँ

क्योंकि यही सब तो है जीवन
गरमाई, मिठास, हरियाली, उजाला
गंधवाही मुक्त खुलापन
लोच, उल्लास, लहरिल प्रवाह
और बोध भव्य निर्व्यास निस्सीम का;
ये सब उधार पाए हुए द्रव्य।

यहाँ जीवन एक उधार में मिला द्रव्य है–यह रूपक बनता है। इस रूपक के द्वारा कवि जीवन को परिभाषित करता है। जो ज़िन्दगी हम जी रहे हैं, वह हमें उधार में मिली हुई है–यह बात कहने-सुनने में बड़ी भली लगती है। यह कहकर हम अपने को उन ऋषियों की परम्परा से जोड़ने का प्रयास करते हैं, जिन्होंने जीवन को ऋणत्रय (देवऋण, ऋषिऋण और पितृऋण) में बँधा देखा। यहाँ अज्ञेय जो परिभाषा दे रहे हैं, वह ईशावास्योपनिषद् के निरूपण पर आधारित है। एक दृष्टि से ये पंक्तियाँ ईशावास्य उपनिषद् की भ्रान्त व्याख्या भी कही जा सकती है। ईशावास्य के पहले मन्त्र में उत्तरार्ध में कहा गया है–तेन त्यक्तेन भुञ्जीथा : इस वाक्य के दो अर्थ लिए जा सकते हैं–(1) तो त्याग करते हुए भोग करो; (2) जो उस ईश्वर के द्वारा तुम्हारे लिए त्यक्त है, उसका भोग करो। दूसरा अर्थ परम्परा में मान्य नहीं रहा है। पर यह दूसरा भोगवादी अर्थ ही अज्ञेय के मन में इस कविता को लिखते हुए रहा है, ऐसा लगता है। पूरी कविता में त्याग की बात ही नहीं है। उधार पाई हुई ज़िदगी को भोगने की बात है। कवि धूप, चिड़िया, पत्ती, शंखपुष्पी, हवा वगैरह से उधार माँगता है और उनकी दी उधार की ज़िन्दगी जीता है। यह ''ऋणं कृत्वा घृतं पिबेत्'' के चार्वाकदर्शन का रहस्यवादी संस्करण है। कोई 'अनदेखा रूप' जब प्यार माँगता है, तो यह कवि 'सहमा हुआ चुप' रह जाता है और 'अभी तक मौन' है।

उत्प्रेक्षा, रूपक और साध्यवसाना अतिशयोक्ति कम-से-कम ये तीन साधर्म्यमूलक अलंकार ऐसे हैं, जो पूरे प्रबन्ध या बड़ी कविता में अन्तर्निहित हो सकते हैं। मुक्तिबोध की कई लम्बी कविताएँ अपने में उत्प्रेक्षा या रूपक हैं।

साधर्म्यमूलक अलंकारों में चार तत्त्व अपेक्षित माने गए हैं–उपमेय, उपमान, साधारण धर्म और वाचक शब्द। इन चारों के दो वर्ग बनते हैं–एक वस्तु या प्रतिपाद्य का है, दूसरा कवि द्वारा उसके वर्णन के लिए अपनाई गई शैली या कथनभंगी का। उपमेय और उपमान पहलेवर्ग में आते हैं, साधारण धर्म और वाचक शब्द दूसरे वर्ग में रखे जा सकते हैं। उपमेय को कहीं प्रायः प्रस्तुत या प्रकृत की संज्ञा से भी आचार्य वर्णित करते आए हैं, और उपमान को अप्रस्तुत या

अप्रकृत की संज्ञा से। इस दृष्टि से यह माना जा सकता है कि उपमेय इस आधिभौतिक जगत् का पदार्थ होता है, उपमान कल्पना लोक का या आधिदैविक अथवा आध्यात्मिक जगत् का। यह बात उपमा का विवेचन करते हुए पिछले अध्याय में भी कही गई है। यहाँ इसे फिर दोहराया जा रहा है, क्योंकि उपमा, रूपक, उत्प्रेक्षा, समासोक्ति और साध्यवसाना अतिशयोक्ति–इन अलंकारों में आधिभौतिक, आदिदैविक और आध्यात्मिक आमने-सामने होते हैं, एक के ऊपर दूसरा आरोपित होता है, एक में दूसरा सम्भावित होता है या एक के व्यवहार का आरोप दूसरे में होता है अथवा एक में दूसरा समा जाता है। उत्प्रेक्षा और साध्यवसाना अतिशयोक्ति में रचनाकार अपने स्वप्नलोक को प्रकृत या इस धरती पर देखता है, और फिर उसके द्वारा यहाँ के पदार्थों का रूपान्तरण करता है। यह कवि के आधिदैविक जगत् में अधिष्ठान से सम्भव हो सकता है।

आधिदैविक जगत् हमारे स्वप्नों, संकल्पों, वासनाओं और दमित कामनाओं से बनता है। इन्हीं से हम देवताओं की रचना करते हैं। इस जगत् में स्थित कवि उत्प्रेक्षा और साध्यवसाना अतिशयोक्ति की तकनीक का प्रयोग करता है, तो फैंटेसी का जन्म होता है। इसके आरम्भ और अन्त में रूपक रह सकता है। कुछ कवि यहाँ पहुँचकर रहस्यजगत् में खो जाते हैं, कोई कोई रहस्य को चीरकर फिर आधिभौतिक पर आ जाते हैं। ऐसे कवि उत्प्रेक्षा और साध्यवसाना अतिशयोक्ति के साथ रूपक और उपमा का भी समावेश दो विश्वों की पारस्परिकता दिखाने के लिए करते हैं। मुक्तिबोध ऐसा करते हैं। उनकी कविता में जादुई झील, तिलिस्मी खोह, ब्रह्मराक्षस इसी भूमि से आए हैं।

मुक्तिबोध 'एक स्वप्नकथा' शीर्षक कविता का पर्यवसान रूपक में करते हुए कहते हैं–

वह जहाज
क्षोभ, विक्षोभ भरे संगठित विरोध का
साहसी समाज है।
भीतर व बाहर के पूरे दलिद्दर से मुक्ति की तलाश में
आगामी कल नहीं, आगत वह आज है।

'जमाने का चेहरा' कविता में भी आरम्भ से ही रूपक फंतासी को स्पष्ट करने के लिए लाया गया है–

मुक्ति के गौर-वक्ष-अंचल से झाँकती है
शान्ति की शशिश्री
साम्राज्यवादियों के हृदय की दानवी

उसे नष्ट करने के लिए है उतावली
समय के शैल पर प्रभीम खड़े हुए भीमकाय
जनमस्तक देखते
ज्योतिर्मय मानवी
प्रतिभा के ललाट विशाल को
कि भावी यशकाल को।

मुक्ति का गौर वक्ष-अंचल क्या है—यह कहा नहीं गया है। शान्ति की चाँदनी का इस वक्ष-अंचल से झाँकना समासोक्ति का विन्यास है, क्योंकि झाँकने की क्रिया चेतन प्राणी की है, जिसका आरोप शान्ति की शशिश्री पर किया गया है। शान्ति की शशिश्री में रूपक है। समय का शैल भी रूपक है। भावी यशकाल ही मानवी प्रतिभा का विशाल ललाट है। इस तरह मुक्तिबोध की कविता में सांग और निरंग रूपकों, समासोक्तियों, उत्प्रेक्षाओं और अध्यवसानमूलक अतिशयोक्तियों की संसृष्टि और संकर के द्वारा जो जटिल संरचना बनती है उसकी परिणति फैंटेसी में होती है।

उपमा मूलतः एक वाक्य माँगती है। दृष्टान्त, प्रतिवस्तूपमा, निदर्शना जैसे अलंकार दो वाक्य माँगते हैं। उपमा के चौखटे से बाहर आकर रूपक, उत्प्रेक्षा, समासोक्ति और साध्यवसाना अतिशयोक्ति के द्वारा रची फंतासी कई वाक्यों की माँग करती है, वह पूरी कविता में पिरोई जा सकती है। रूपक और अतिशयोक्ति भी किसी पूरे प्रबन्ध या लम्बी कविता में अन्तर्निहित संरचना के रूप में उपस्थित हो सकते हैं। मुक्तिबोध फैंटेसी में देखी गई वस्तुओं को रूपक के द्वारा अलगाते हैं।

मम्मट ने अतिशयोक्ति के पाँच भेद बताए हैं। उनमें से तीन साधर्म्यमूलक हैं—अध्यवसानमूलक अतिशयोक्ति, यद्यर्थातिशयोक्ति और प्रस्तुत के अन्यथात्व का कथन। पहले प्रकार को जयदेव और अप्पय दीक्षित आदि ने रूपकातिशयोक्ति कहा है, और अन्तिम प्रकार को भेदकातिशयोक्ति। इन तीनों ही प्रकारों में कवि सम्भावना के जगत् में प्रवेश कर अपने संसार का वह चेहरा सामने रख देता है, जो सामान्य आँखों से हम नहीं देख पाते।

जो छबि सुधा पयोनिधि होई। परम रूपमय कच्छप सोई।
सोभा रज मंदर सिंगारू। मथै पानिपंकज निज मारू॥
एँहि बिधि उपजै लच्छि जब सुन्दरता सुख मूल।
तदपि सकोच समेत कवि कहहिं सीय समय तूल॥

यह यद्यर्थातिशयोक्ति का उदाहरण है। तुलसी ने यहाँ ऐसी सम्भावना रखी है, जो संसार में फलित हो नहीं सकती। कविता असम्भव का स्वप्न भी देखती है।

बदलाव की कविता

मुरली दिन-दिन भली गई।
बन की रहनि नहीं अब यामैं, मधु ही पागि गई।
अमिय समान कहत है बानी, नीकैं जानि लई।
जैसी संगति बुध तैसीयै ह्वै गइ सुधामई।
जब आई तब औरे लागी, सो निठुरई हई।
सूर स्याम अधरनि के परसें सोभा भई नई॥

सूरदास की इन पंक्तियों में मुरली में परिवर्तन होता हुआ दिखाया गया है। वह बाँस का एक टुकड़ा न रहकर मधु से पगी कोई वस्तु बनती चली गई है। श्याम के अधर की संगति के कारण वह सुधामय हो रही है। जब पहली बार इसे देखा था, तो यह कुछ और लगती थी। अब इसमें नई शोभा आ गई है।

यह पूरा पद मुरली के रूपान्तरण की बात कहता है। यह रूपान्तर भौतिक स्तर पर नहीं, गोपियों की प्रतीति में है। इस प्रतीति के कारण उनके लिए बाँस का टुकड़ा कुछ का कुछ हो जाता है।

दर्शन में सृष्टि की प्रक्रिया दो प्रकार से बताई जाती है–विवर्त और परिणाम। वस्तु में सचमुच परिवर्तन न हो, उस पर हम ऐसी अधिरचना बना लें, जो तात्त्विक न हो, तो विवर्त कहा जाता है। जब वस्तु में तत्त्वतः परिवर्तन हो जाए, तो यह परिणाम होता है, जैसे दूध का दही बन जाना। विवर्त के टूटने में वस्तु अपने असली शक्ल में दिखाई देने लगती है, परिणाम में वस्तु रूपान्तरित होकर फिर पुरानी शक्ल में नहीं आ सकती। वेदान्त में यह व्यावहारिक जगत् परम तत्त्व का विवर्त है, विवर्त के टूटने पर परम तत्त्व मात्र शेष बचता है।

यहाँ गोपियों के लिए मुरली रूपान्तरित हो गई है। इसे विवर्त कहा जाएगा या परिणाम? यहाँ परम तत्त्व विवर्तित या रूपान्तरित नहीं हुआ। हमारे ही व्यावहारिक जगत् की एक मामूली-सी चीज रूपान्तरित हुई है। स्थूल व्यवहार के स्तर पर तो मुरली महज बाँस का एक टुकड़ा है। पर गोपियों के लिए वह अब बाँस का टुकड़ा नहीं रह गई। बाँस के टुकड़े को रूपान्तरित करके यहाँ जो रचना

बनी है, वह गोपियों के लिए "पुनर्मूषको भव" की तरह फिर से बाँस के टुकड़े में तब्दील हो जाएगी—ऐसी कोई सम्भावना सूरदास की कविता में नहीं दिखती। वहाँ तो मुरली का रूपान्तरण वास्तविक या व्यावहारिक जगत् की दृष्टि से झूठ होकर भी एक ज्यादा बड़ी वास्तविकता का हिस्सा है।

अलंकार शास्त्र की दृष्टि से मुरली प्रकृत, प्रस्तुत या उपमेय है। इस प्रस्तुत का रूपान्तरण यहाँ मधु से पगी सुधामय अन्य किसी वस्तु में कर दिया गया है।

ऊपर कहा गया है कि औपम्यमूलक अलंकारों में उपमेय आमतौर पर इस जगत् की इन्द्रियगोचर वास्तविकता का हिस्सा हुआ करता है, उपमान उससे परे ही वास्तविकता का (देखें—अ. 8 और 9)। उपमेय उपमान में रूपान्तरित होने लग जाए ऐसी भी सम्भावना कभी इन अलंकारों के प्रयोग में बन सकती है। भर्तृहरि ने श्रृंगारशतक में नायिका का वर्णन करते हुए कहा है—

इयं व्याधायते बाला भ्रूरस्याः कार्मुकायते।
नेत्रे अस्याः शरायेते मनो मे हरिणायते॥

(बहेलिया बन रही है वह/धनुष बन रही है उसकी भौंह/बाण बन रही है/आँख उसकी/हरिण बन रहा है/मेरा मन।)

इस सुभाषित में बाला या षोडशी नायिका उपमेय और बहेलिया उपमान है। उपमेय-सामग्री के अंगों—भौंह, आँख और नायक का मन इनको उपमान सामग्री के अंगों—धनु, बाण और हरिण से भी उपमित किया गया है, पर वाचक शब्द और साधारण धर्म को नहीं कहा गया है, अतः यहाँ मम्मट आदि के लक्षण के अनुसार द्विलुप्तोपमा (धर्म-वाचक-लुप्तोपमा) है। मम्मट ने द्विलुप्ता का उदाहरण यह दिया है—

सविता विधवति विधुरपि सवितरति तथा दिनन्ति यागिन्यः।
यामिनयन्ति दिनानि सुखदुःखवशीकृते मनसि॥

(सूर्य चन्द्रमा हो जाता है/चन्द्रमा सूर्य हो जाता है/रातें बन जाती हैं दिन/दिन बन जाते हैं रात/जब सुख-दुःख/जीत लिए जाते हैं मन में।)

यहाँ विधवति, सवितरति आदि क्विप प्रत्यय लगाकर बनाए गए क्रियापदों का अर्थ विधु की तरह आचरण करने लगता है, सूर्य की तरह आचरण करने लगता है—यह लिया जाए, तभी उपमा अलंकार यहाँ माना जा सकेगा। मम्मट ने यही अर्थ लेकर यहाँ उपमा अलंकार माना है। पर सूर्य चन्द्रमा बन जाता है, चन्द्रमा सूर्य बन जाता है इस तरह अर्थ करने पर उपमा कैसे हो सकती है? पाणिनि के नियम के अनुसार उपमानादाचारे इस सूत्र से उसकी तरह हो जाना इस अर्थ में जब विधु से विधवति आदि पद बनाए जाएँगे तब तो उपमा ही

होगी। पर विधवति आदि शब्दों या पदों का अर्थ विधु में रूपान्तरित होता है– यों करने पर यह उपमा न होकर उपमेय का उपमान में परिणाम कहा जाएगा।

भर्तृहरि के श्लोक में अभूततद्भावे च्विः–इस नियम से व्याध, कार्मुक आदि शब्दों में च्वि प्रत्यय लगाकर व्याधायते, कार्मुकायते आदि क्रियापद बनाए गए हैं। च्वि प्रत्यय कोई वस्तु अपने स्वरूप को त्यागकर अन्य स्वरूप ग्रहण करे, तो इस अन्यथा होने का भाव बताने के लिए लगाया जाता है। अर्थात् नायिका जो बहेलिया नहीं थी, वह बहेलिया बन रही है, उसकी भौंह जो धनुष नहीं थी, वह धनुष बन रही है–आदि अर्थ ही इस श्लोक में कवि का अभिप्रेत है।

इस श्लोक में अलंकार कौन-सा माना जाए? अलंकारसर्वस्व के प्रणेता रुय्यक ने परिणाम नाम से एक औपम्यमूलक अलंकार बताया है। आरोप्यमाण (विषयी, उपमान) को प्रकृत या उपमेय के लिए उपादेय बनाकर परिवर्तित कर दिया जाए, तो परिणाम अलंकार होता है। इसमें किसी उपयोग के लिए विषयी की विषय के रूप में परिणति स्वीकार कर ली जाती है। पर यह परिणति तत्त्वतः न होकर काल्पनिक होती है। कालिदास ने हिमालय पर बसनेवाले आदिवासियों का वर्णन किया है। उन्होंने लिखा है कि ये वनेचर अपनी प्रियाओं के साथ रात को जब गुफाओं में रमण करते हैं, तो उन गुफाओं में चमकती जड़ी-बूटियों का मन्द प्रकाश बिना तैल-बाती के सुरतप्रदीप बन जाता है।

वनेचराणां वनितासखानां दरीगृहोत्सक्तनिषङ्गभासः।
भवन्ति यत्रौषधयो रजन्यामतैलपूराः सुरतप्रदीपाः॥

यहाँ कवि का अभिप्राय यही है कि हिमालय की चमकीली जड़ी-बूटियाँ सम्भोग के समय अपेक्षित मन्द प्रकाश वाले दिए का काम कर देती हैं। इन जड़ी-बूटियों में अपने आपमें तात्त्विक रूपान्तर का वर्णन उसने नहीं किया। रुय्यक ने परिणाम का जो उदाहरण दिया है, उसमें कहा गया है–राम ने लक्ष्मण और सीता के साथ नाव से गंगा पार करके लक्ष्मण की मित्रता को नाव खेने का शुल्क बनाकर नाविक को दे दिया। रूपक की तरह परिणाम आरोपमूलक अलंकार है। यहाँ लक्ष्मण की मित्रता ही नाविक के लिए नाव खेने का मेहनताना हो गई है, इस तरह नाव खेने के शुल्क (प्रकृत या उपमेय) पर लक्ष्मण की मित्रता का आरोप है। आरोप के कारण इसे उपमान का रूपान्तर नहीं कहा जा सकता।

रुय्यक ने उपमान के रूपान्तरण में ही परिणाम अलंकार माना है। कालिदास के श्लोक में स्थिति उल्टी है। वहाँ उपमेय (वनौषधि) भी उपमान (सुरतप्रदीप) के रूप में परिवर्तित हो गया है। ऐसी स्थिति में रुय्यक का लक्षण परिष्करणीय हो जाता है। रूपान्तर उपमेय का हो रहा है या उपमान का–इस आधार पर

परिणाम के दो प्रकार माने जा सकते हैं।

परिणाम का आशय तत्त्वतः बदलाव है। आचार्यों ने अवश्य परिणाम अलंकार को रूपक की तरह आरोपमूलक माना। उनके अनुसार परिणाम में जिस रूपान्तर की बात कही जाती है, वह कविकल्पना में ही होता है। पर क्या यह रूपान्तर वास्तविकता का हिस्सा नहीं होता? कालिदास के उक्त श्लोक में जंगली जड़ी-बूटियों का रात में वनेचरों के लिए सुरतप्रदीप बन जाना एक वास्तविकता ही है। वे बूटियाँ भी हैं, और सुरतप्रदीप भी हैं। भर्तृहरि के श्लोक से इस अभिव्यक्ति में अन्तर है। वहाँ नायिका सचमुच में व्याध नहीं है। इस तरह परिणाम अलंकार दो प्रकार का हो सकता है—एक तो वह जिसमें वस्तु में रूपान्तर का आरोप किया जाए, जो वास्तविक न हो। दूसरा वह, जो वस्तु में हुए वास्तविक रूपान्तर को बताता हो।

यदि कविता वस्तुओं में तात्त्विक रूपान्तरण की बात करने लगे, तो वह परिणाम अलंकार की कविता होगी। मेरी जानकारी के अनुसार परिणाम अलंकार में उपमेय के तात्त्विक रूपान्तरण या उसमें बदलाव की बात किसी प्राचीन आचार्य ने कहीं नहीं की। उपमेय हमारे लौकिक जगत् का व्यक्ति या पदार्थ है। लौकिक जगत् लगातार बदल रहा है। तो क्या उपमेय अपने आप में बदलता नहीं है? कालिदास के नाटक में शकुन्तला पहले अंक में जैसी थी, तीसरे अंक में वह बदली हुई है। चौथे अंक में वह और ही कुछ होती हुई सामने आती है और पाँचवें में उससे भी भिन्न। अन्तिम अंक में जो शकुन्तला है, वह पहले अंक की शकुन्तला से इतनी अलग है कि काश्यप उसे साध्वी और साक्षात् श्रद्धा कहते हैं। यों तो पूरा 'अभिज्ञानशाकुन्तल' दुष्यन्त और शकुन्तला के रूपान्तरण का नाटक है, और पूरे नाटक में परिणाम अलंकार भी ध्वनित होता है।

संस्कृत साहित्य में कदाचित् दो ही रूपक ऐसे हैं जिनमें हम मुख्य पात्रों को रूपान्तरित होता हुआ देखते हैं। एक कालिदास का 'अभिज्ञानशाकुन्तल' और दूसरा भवभूति का 'मालतीमाधव'। 'मालतीमाधव' में नायक माधव और नायिका मालती किशोरावस्था के प्रेम की देहली लाँघते हैं, नाना यन्त्रणाओं से गुजरते हैं और भीतर ही भीतर बदलते चले जाते हैं।

कविता में परिणाम अलंकार कई विच्छित्तियों में व्यक्त हो सकता है। ये विच्छित्तियाँ बदलाव की प्रक्रिया के अनुसार हुआ करती हैं। परिणाम या बदलाव की कामना इसका पहला पड़ाव है। इसे आरम्भ कहा जा सकता है। इसके बाद परिणाम के जारी रहने की प्रक्रिया का निरूपण आता है और अन्त में परिणाम हो चुकने के पश्चात् की स्थिति आती है। आचार्यों में नाटक या महाकाव्य की

संरचना में आरम्भ, यत्न, प्राप्त्याशा, नियताप्ति और फलागम—ये पाँच स्थितियाँ बताई हैं। कविता में परिणाम अलंकार के घटने में ये पाँचों स्थितियाँ लागू हो सकती हैं।

मुक्तिबोध परिणाम अलंकार के कवि हैं। वे परिणाम या बदलाव की पाँचों स्थितियों को अलग-अलग तरह से कविता में घटाते हैं।

मैं ब्रह्मराक्षस का सजल उर शिष्य
होना चाहता
जिससे कि में उसका वह अधूरा कार्य
उसकी वेदना का स्रोत
संगत पूर्ण निष्कर्षों तलक...

यहाँ परिणाम अलंकार की आरम्भ अवस्था ही है।

खोहों में चलता है जन-मुक्ति संगठन
ज़िन्दगी के लम्बे रेगिस्तानों में वनों में
पीड़ा के प्रकाश का
यों तड़पता है महासूर्य
मानवीय मुक्ति के प्रचंड लक्ष्यों का चट्टानी छाती के
स्वानुभवी खोहों के तल में
सृजनशील अरे कालनिर्झर मचलते हैं
जिनकी महावेदना से अकुलाते हुए घोर
रेगिस्तानी जिन्दगी के
स्वाभिमानी शिखरों के पहाड़
दहाड़ते बगावत का महामन्त्र।

(मुक्तिबोध : जमाने का चेहरा)

यहाँ पर आरम्भ के बाद की यत्न नामक अवस्था है। रूपक अलंकार इसकी संरचना में मिला हुआ है। ज़िन्दगी के ''लम्बे रेगिस्तान और वन'' जिनमें ''पीड़ा के प्रकाश का महासूर्य तड़पता है'' चट्टानी छाती के स्वानुभवी खोहों के तल में सृजनशील कालनिर्झर मचलते हैं—यह सारी रूपकालंकार-जन्य संरचना परिणाम का अंग बनकर यहाँ आई है।

गहन परिचित अपरिचय की
काट पीली घास
सतही जानकारी का भयानक
काट बंजरपन

लगे हम खोदने दो ओर से
वह टेकड़ी भूरी
बनाए गहन अन्तर्पथ
अन्तस्तल गुहा में तब
मिले ये दीप्त
सौ-सौ रत्न जीवन के
गहन गम्भीर सुविचारित
सरल थे सत्य ये मन के।

(मुक्तिबोध रचनावली, भाग-2, पृ. 31)

यहाँ बदलाव की प्रक्रिया भी घटित होती हुई बताई गई है। यत्न के बाद नियताप्ति और फलागम ये दोनों अवस्थाभेद यहाँ निरूपित हैं। रूपक अलंकार पहले के उदाहरण की तरह परिणाम के साथ गुम्फित है।

खड़ी भूरी पहाड़ी खोद डाली और
उसमें से निकाले जगमगाते रत्न
मंगल शुक्र के कण
अंशुमाली सूर्य
ये द्युतिकण तेजस्वी
(हमारी ज़िन्दगी के ये)
व इन नक्षत्र खंडों को
ललक कर ले लिया हमने इसे देने, उसे देने
इन्हें देने उन्हें देने

(मुक्तिबोध रचनावली, पृ. 34)

यहाँ नियताप्ति के बाद की स्थिति या फलागम का निरूपण है।

परिणाम या वस्तुओं के रूपान्तर उन वस्तुओं को और अपने आपको पहचानने से होता है। देखनेवाले की दृष्टि का बदल जाना अपने आप में एक परिणाम है। वेदान्ती कहता है कि मैं ब्रह्म हूँ—यह बोध हो जाने पर द्रष्टा बदल जाता है। यह अपने को नए सिरे से जानता है। विवर्त का टूटना या चीजों का सही शक्ल में दिखाई देने लगना बदलाव की बुनियादी शर्त है।

यह आत्मसंज्ञ चेतना
स्वयं तू ही तू है मैं ही मैं हूँ वह ही वह है
यह तेरे घर की तुलसी उसको दूर न कर
तेरा यह भीतरी सहज आनन्द कि उसकी दूर नज़र

यह घर की तुलसी उसके सम्मुख संध्या में
अपने ज्ञानानुभव भाव का दीप जला
उस लाल दीप लौ की अरुणायित शोभा में
पल की गति को कर दे अपना सुख कमल खिलें तेरे मन में
वे हृदय कमल सर्जन में खिलते जाएँ
तू अपने से जग को प्रतिपल मिलता जाए।

(मुक्तिबोध रचनावली, बन जा पहाड़, पृ. 87)

रूपान्तर दो स्तरों पर हो सकता है। एक वह जो काम्य है, सर्जक के स्वप्नों और आकांक्षाओं के अनुरूप है। सर्जक इस रूपान्तर में स्वयं सम्मिलित है। वह अपने शब्दों से इसे सम्भाव्य समझता है। शब्द संसार को बदलते हैं। दूसरा रूपान्तर जो भौतिक स्तर पर चल रहे द्वन्द्व के कारण हो रहा है, और जो अवांछनीय और अकाम्य है। पन्त 'परिवर्तन' शीर्षक कविता में इस परिवर्तन या रूपान्तर को दुर्निवार चक्र के रूप में चित्रित करते हैं।

तुम नृशंस नृप से जगती पर चढ़कर अनियन्त्रित,
करते हो संसृति को उत्पीड़ित पदमर्दित
नग्न नगर कर, भग्न भवन, प्रतिमाएँ खंडित,
हर लेते हो विभव कला-कौशल चिरसंचित।

यह परिवर्तन एक अव्याहत प्रक्रिया है। कवि इसका साक्षी भर है, वह इसमें सम्मिलित नहीं है। पर सर्जक इस रूपान्तर को परखता है। मुक्तिबोध देखते हैं कि दरिद्रों की झोपड़ियों में आग लगा-लगाकर उसी आग के प्रकाश में अध्यात्म संहिताएँ रची जा रही हैं।

देख ले कि बस्ती के झोपड़ों में लगा आग
नभचुम्बी ज्वालाओं के गन्ध के प्रकाश में
गढ़ी जा रही हैं आज
अध्यात्म की संहिताएँ
राजनीति ग्रन्थ और रोमांस के उपन्यास
गाँवों को जलाती हुई
नभचुम्बी ज्वाला के प्रकाश में
भारतीय संस्कृति का विकास किया जा रहा
शोषण के भयानक जबड़ों ने फूँक मार
झोपड़ियाँ गिरा लीं मकान ढहा दिए।

परिणाम का यह एक रूप है। दूसरी ओर–

मैं जिस दुनिया में आज बसा
जन संघर्षों की राहों पर
ज्वालाओं से
माँओं का बहनों का सुहाग सिन्दूर हँसा बरसा-बरसा
इन भारतीय गृहिणी निर्झरिणी नदियों के
घर-घर में भूखे प्राण हँसे
दिल में आँसू के फव्वारे
लेकर मेरे ये छन्द
बावरे बुरी
तरह यों अकुलाकर
बूढ़े पितृश्री के चरणों में लोट-पोट कर
बहना के हिय की तुलसी पर
घन छाया कर
मंजरी हुए
भाई के दिल में फूल हुए।

मुक्तिबोध अपनी कविता का परिणाम यही चाहते हैं। यह कवि का सुखद स्वप्न भर नहीं है। मुक्तिबोध की कविता के छन्द बावले होकर बुरी तरह अकुलाते हैं, वे बहन के हिय की तुलसी पर घन छाया करते हैं। शब्द यहाँ सचमुच परिणत होते हैं। परिणाम अलंकार एक बड़ी हकीकत की लगातार बदलती शक्ल सामने ला देता है। इस प्रकार परिणाम अलंकार इस जगत् के रूपान्तर को आरोप और वस्तुगत परिवर्तन–दो प्रकार से प्रदर्शित करता है और परिवर्तन की काम्यता अकाम्यता की दृष्टि से निन्द्य और स्तुत्य दो प्रकार का हो सकता है।

कविता का जनतन्त्र

जायसी के पद्मावत में रानी पद्मावती की सखी उसे सीख देती है–

झूलि लेहु नैहर अब ताईं।
फिरि नहीं झूलन दैइहि साईं॥
ए रानी मन देख बिचारी।
एहि नैहर रहना दिन चारी।
जौ लगि अहै पिता कर राजू।
खेलि लैह जो खेलन आजू॥
पुनु सासुर हम गवनब काली।
कित हम कित यह सरवर पाली॥
कित आबन तुमि अपने हाथा।
कित मिल कै खेलब एक साथा॥
सासु ननँद बोलिन्ह जिन्हु लैंही।
दारुन ससुर न निसरैं देहीं।
पुउ नियार सिर ऊपर, पुनु सो करे दहुँ काह।
दहुँ सुख राखे की दुख, दहुँ कस जनम निबाह॥

रानी पद्मावती को उसकी सखी समझाती है कि नैहर में जितना जी चाहे झूल लो। पीहर चली जाओगी, तो वहाँ साईं झूलने नहीं देगा। नैहर का संसार सुख का संसार है, पर यह सुख क्षणिक है। इसमें जितना सुख भोगा जा सके, भोग लिया जाए, फिर पीहर पहुँचकर तो दुख उठाना ही है।

जायसी का पूरा काव्य अन्योक्ति है। नैहर इस लोक का और पीहर उस लोक का प्रतीक बन जाता है। यह कहना कठिन है कि जायसी किस लोक के लिए अधिक अभिनिविष्ट हैं–इहलोक के लिए या परलोक के लिए? यहाँ वे स्पष्ट इस लोक में झूला झूलने के पक्ष में सखी के मुँह से बात कहलवा रहे हैं। परलोक में जाकर तो बन्दी के जैसी स्थिति हो जाएगी–

कितु नैहर पुनि आउब कित ससुरे यह खेल।
आपु आपु कहँ होइगि, परब पंखि जस खेल॥

सखी के सन्दर्भ में नैहर और पीहर ये दोनों प्रस्तुत के हिस्से हैं। जायसी की कविदृष्टि के सन्दर्भ से ये अप्रस्तुत हैं, जायसी के लिए प्रस्तुत सन्दर्भ यह संसार और वह संसार है।

रूपक में प्रस्तुत तथा अप्रस्तुत दोनों का कथन पहले पर दूसरे का आरोप करते हुए किया जाता है, अन्योक्ति में केवल एक का। अन्योक्ति को ही कौन क्या है–यह बताते हुए खोला जाए, तो रूपक बन जाता है। जायसी ने अपने पूरे काव्य की अन्योक्ति को अन्त में जाकर रूपक की चाभी से खोल दिया है–

तन चितउर, मन राजा कीन्हा।
हिय सिंहल, बुधि पदमिनि चीन्हा।
गुरु सुआ जेहिं पंथ दिखावा।
बिनु गुर जगत् को निरगुन पावा॥
नागमती यह दुनिया धन्धा।
बाँचा सोइ न एहि चित बँधा।
राघव दूत, सोइ सैतानू।
माया अलादीन सुलतानू॥

अन्योक्ति से किंचित् भिन्न प्रक्रिया साध्यवसाना अतिशयोक्ति की होती है। इसमें भी अन्य या अप्रस्तुत मात्र का कथन होता है। यह प्रस्तुत को नहीं, प्रस्तुत और अप्रस्तुत के अभेद को बताती है।

कविता में उलटबाँसियों, पहेलियों, गूढ़ उक्तियों के द्वारा अपने समय की बात कही जाती है। इन उलटबाँसियों या पहेलियों में अभिधा के द्वारा जिस अप्रस्तुत का वर्णन हुआ करता है, उसके द्वारा व्यंजना में प्रस्तुत की बात कही जाती है। अभिधा एक सुनिश्चित अर्थ को बताती है। अतः इनमें अप्रस्तुत अपरिवर्त्य होता है। व्यंजनाएँ बदलती रहती हैं। इसलिए ऐसी उलटबाँसियों या पहेलियों का भी प्रस्तुत देश-काल के अनुसार बदलता रह सकता है। ऋग्वेद की एक उलटबाँसी है–

चत्वारि शृङ्गास्त्रयो अस्य पादा द्वे शीर्षे सप्त हस्तासो अस्य।
त्रिधा बद्धो वृषभो रोरवीति महादेवो मर्त्यां आविवेश॥

(ऋ. 4।58।3)

(उसके चार सींग हैं, तीन पाँव हैं, दो सिर हैं, सात हाथ हैं। वह तीन हिस्सों में बँधा हुआ है। ऐसा यह साँड़ डकरा रहा है। यह महान् देवता है। यह मनुष्यों

में घुसा हुआ है।)

सायण के अनुसार यहाँ वृषभ का रूपक अग्नि, सूर्य आदि पाँच देवताओं पर लागू करते हुए उसके अनुसार पाँच अलग-अलग व्याख्याएँ हो सकती हैं। सायण ने स्वयं इसकी यज्ञपरक, अग्निपरक और सूर्यपरक व्याख्या की है। चार वेद इसके चार सींग हैं। यज्ञपरक व्याख्या में प्रातः मध्याह्न और सायंकाल में होनेवाले तीन सवन इसके तीन पैर हैं। ब्रह्मौदन तथा प्रवर्ग्य ये दो इसके सिर हैं। सात छन्द इसके सात हाथ हैं। मन्त्र, ब्राह्मण और कल्प इन विधियों से यह बँधा हुआ है। सूर्यपरक व्याख्या में चार दिशाएँ इस सूर्यवृषभ के चार सींग हैं, दिन और रात दो मस्तक हैं–इस प्रकार व्याख्या की जाती रही है। एक और व्याख्या में सींग चार याजक–होता, उद्गाता, अध्वर्यु तथा ब्रह्मा हैं। पतंजलि ने इसी मन्त्र के व्याकरण के ऊपर वृषभ का रूपक लागू करते हुए व्याख्या की है। नाट्यशास्त्र और काव्यशास्त्र की परम्परा में इसी मन्त्र का अर्थ वृषभ के माध्यम से नाट्य या काव्य का वर्णन मानकर किया जाता है। चार वृत्तियाँ और चार प्रवृत्तियाँ इसके सींग हैं। अभिधा, लक्षणा तथा व्यंजना ये तीन शब्दव्यापार इसके तीन चरण हैं। शब्द के दो अंग–प्रकृति तथा प्रत्यय इसके दो शीर्ष हैं। नाम, आख्यात (क्रिया), उपसर्ग, निपात, कर्मप्रवचनीय, गति और अव्यय इसके सात हाथ हैं। माधुर्य, ओजस् और प्रसाद ये तीन इसको बाँधनेवाले तीन गुण (रस्सियाँ) हैं।

स्पष्ट है कि मन्त्रकार यहाँ किसी बैल का वर्णन नहीं कर रहा है। बैल के माध्यम से वह किसी अन्य की उक्ति कर रहा है। बैल उसके लिए प्रस्तुत नहीं है। अप्रस्तुत है। प्रस्तुत विषय कोई अन्य है। अप्रस्तुत के द्वारा यहाँ प्रस्तुत का कथन किया गया है।

सम्भव है कि यह पहेली या उलटबाँसी आदिम जन-जातियों में प्रचलित रही हो, उसका यज्ञ या टोने-टोटकों में भी उपयोग होने लगा हो और फिर वह ऋग्वेद तथा वैदिक साहित्य के अन्य ग्रन्थों में संकलित की गई हो। इस तरह की अनेक उक्तियाँ आदिम समाजों में अनादि काल से प्रचलित रही हैं और अब भी प्रचलित हैं। जिसको बताना है उसे सीधे-सीधे न बताकर किसी अन्य के बहाने से उसे बताया जाता है।

अप्रस्तुत प्रशंसा अलंकार वहाँ होता है, जहाँ अप्रस्तुत के कथन के द्वारा प्रस्तुत की प्रतीति कराई जाए। जहाँ सामनेवाले से सीधे बात करना सम्भव न हो, वहाँ किसी अन्य को बहाना या ब्याज बनाकर उस तक बात पहुँचाई जाती है। बिहारी अपने आश्रयदाता के मुँह पर सीधे कह देते कि आपकी यह ऐयाशी अच्छी नहीं है, तो बात न बनती। पर उन्होंने जब यह कहा–

नहिं पराग नहिं मधुर मधु नहिं विकास यहि काल।
अली कली सो ही बिंध्यो आगे कौन हवाल॥

तो राजा चेत गए।

बिहारी का यह दोहा अन्योक्ति अलंकार का उदाहरण है। अप्रस्तुत का कथन किया जाए, पर बताना प्रस्तुत को हो, तो अन्योक्ति अलंकार होता है। अन्यापदेश, अन्योक्ति, प्रस्ताव, अप्रस्तुतप्रशंसा इसी अलंकार के अन्य नाम हैं।

आचार्य परम्परा इसके पाँच प्रकार बताती आई है–

1. कारणनिबन्धना–अप्रस्तुतकारण का वर्णन हो, पर प्रस्तुत कार्य को बताना हो।
2. कार्यनिबन्धना–अप्रस्तुत कार्य का वर्णन हो, पर प्रस्तुत कारण को बताना हो।
3. विशेषनिबन्धना–अप्रस्तुत विशेष का वर्णन हो, पर प्रस्तुत सामान्य को बताना हो।
4. सामान्यनिबन्धना–अप्रस्तुत सामान्य का वर्णन हो, पर प्रस्तुत विशेष को बताना हो।
5. सारूप्यनिबन्धना–तुल्य अप्रस्तुत से तुल्य प्रस्तुत को बताना हो।

अप्रस्तुतप्रशंसा शब्द में प्रशंसा जुड़ा हुआ है। इससे आशय स्तुति या तारीफ का नहीं लिया जाना चाहिए। प्रशंसा का अर्थ वर्णन है। अप्रस्तुतप्रशंसा का आशय हुआ–अप्रस्तुत का वर्णन। वर्णन सीधे-सीधे भले ही अप्रस्तुत का रहे, पर प्रधानता प्रस्तुत की होती है। कवि की विवक्षा प्रस्तुत में रहती है। इस तरह अप्रस्तुत प्रशंसा अलंकार अवरोहण का अलंकार है, वह धरती की ओर देखता है। प्रशंसा के स्थान पर अप्रस्तुत प्रशंसा का उपयोग कवि जुगुप्सा, अधिक्षेप (condemnation) या निन्दा के भाव प्रकट करने के लिए ज्यादा करते आए हैं। बिहारी ने ही अपने दोहे में चेतावनी के लिए अप्रस्तुत प्रशंसा का प्रयोग किया। पंडितराज जगन्नाथ ने विशेषनिबन्धना अप्रस्तुतप्रशंसा का यह उदाहरण दिया है–

हारं वक्षसि केनापि दत्तमक्षेण मर्कटः।
लेढि जिघ्रति सङ्क्षिप्य करोत्युन्नतमाननम्॥

किसी नासमझ ने एक बन्दर को हार पहना दिया है, तो बन्दर उस हार को चाट रहा है, सूँघ रहा है, और मरोड़कर मुँह गर्व से ऊपर तान रहा है। बिहारी के ही एक और दोहे में कहा गया है–

करि फुलेल कोर आचमन मीठो सहत सराहि।
ए गंधी मतिमंद तू अतर दिखावत काहि॥

यह भी विशेषनिबन्धना अन्योक्ति है। बिहारी और पंडितराज जगन्नाथ दोनों अप्रस्तुत बन्दर और गँवार व्यक्ति के माध्यम से प्रस्तुत की या अपने समय की बात कह रहे हैं। इस तरह विशेषनिबन्धना अन्योक्ति में कवि अपने समय की व्याख्या करता है। सामान्यनिबन्धना में भी यही स्थिति होती है। उसमें कथन तो सीधे-सीधे सामान्य का किया जाता है, पर कवि का अपना समय विशेष के रूप में वहाँ व्यंजित होता है।

मम्मट ने विशेषनिबन्धना अप्रस्तुतप्रशंसा का उदाहरण भल्लट कवि का दिया है–

एतत् तस्य मुखात् कियत् कमलिनीपत्रे कणं वारिणो
यन्मुक्तामणिरित्यमंस्त स जडः शृण्वन्यदस्मादपि।
अङ्गुल्यग्रलघुक्रियाप्रविलयिन्यादीयमाने शनैः
कुत्रोड्डीय गतो ममेत्यनुदिनं निद्राति नान्तःशुचा॥

(यह उसके लिए कौन-सी बड़ी बात है जो उसने कमल के पत्ते पर पड़ी पानी की बूँद को मोती समझ लिया। उससे भी आगे की बात मैं तुम्हें बताता हूँ, सुनो। अँगुली के अगले हिस्से से छूते ही वह पानी की बूँद गायब हो गई। तो उस मूर्ख को कई दिनों से इस दुःख में नींद नहीं आ रही कि मेरा मोती कहाँ चला गया।)

सारांश यह कि अन्योक्ति में अन्य की जो उक्ति कवि करता है, वह अपने आप में पूरी नहीं होती। अप्रस्तुत को बयान करके वह प्रस्तुत का चरित्र खोल देती है। और फिर यहीं तक भी वह नहीं रुकती। उसका प्रसार इसके आगे होता है। अप्रस्तुत के बयान के द्वारा प्रस्तुत का खुलासा करके वह किन्हीं विशेष आशयों को प्रकट करती है। ये आशय चेतावनी, अधिक्षेप, उपदेश, निन्दा या प्रशंसा के हो सकते हैं।

लम्बी कविता या एक प्रबन्ध में अन्योक्ति का रचाव कई स्तरों पर सम्भव है। इसे प्रबन्धान्योक्ति कह सकते हैं। प्रबन्धान्योक्ति लम्बी कविता, नाटक, उपन्यास, महाकाव्य आदि में दो प्रकार से सम्भव है–अंग के रूप में तथा अंगी के रूप में।

अन्योक्ति किसी प्रबन्ध में अंग के रूप में उसकी बुनावट में गुँथी हुई हो–यह हो सकता है। अभिज्ञानशाकुन्तल के पहले अंक में दुष्यन्त हरिण का पीछा कर रहा है। हरिण के भय और दुष्यन्त की मृगयालिप्सा का निरूपण अन्योक्ति के रूप में है। सारूप्यनिबन्धना और विशेषनिबन्धना दोनों प्रकार की अन्योक्तियाँ इसमें सम्मिश्र हो गई हैं। हर पुरुष के भीतर एक शिकारी रहता है–यह अभिप्राय

दुष्यन्त व हरिण के विशेष के चित्रण से यहाँ व्यक्त हो रहा है। इसके साथ ही हरिण के माध्यम से प्रस्तुत शकुन्तला का वृत्तान्त भी यहाँ सूचित किया गया है। आगे चलकर दुष्यन्त शकुन्तला की सखियों से ठिठोली कर रहा है। इसी समय पीछे एक जंगली हाथी के कारण मचे कोहराम की सूचना आती है। हाथी दुष्यन्त के सैनिकों से घबराकर आश्रम में घुसा चला आ रहा है। कवि ने स्वयं इस हाथी को तपस्या के लिए मूर्तिमान् विघ्न कहा है। पूरा प्रसंग विशेषनिबन्धना अन्योक्ति बनकर नागर संस्कृति या सत्ता के द्वारा आश्रम की पावनता को नष्ट करने के सामान्य को उद्घाटित करता है। समग्र मेघदूत भी एक अन्योक्ति कहा जा सकता है। यक्ष के द्वारा कवि अपने समय के किसी प्रताड़ित व्यक्ति की वेदना को बताता है। यक्ष व्यक्ति विशेष है। उसके साथ जो हुआ, वह हमारे समय में किसी के भी साथ हो सकता है। यह विशेष से सामान्य की व्यंजना है।

अन्योक्ति के रूप में कोई लम्बी कविता या पूरा-का-पूरा प्रबन्ध परिकल्पित हो यह भी हो सकता है। ऐसी स्थिति में अन्योक्ति प्रबन्ध या लम्बी कविता में अंगी होगी, अंग नहीं। निराला के कुकुरमुत्ता पूरी-की-पूरी एक अन्योक्ति है। जॉर्ज ऑरवेल का उपन्यास 'नाईंटीन एट्टीफोर' एक अन्योक्ति है। उन्नीस सौ अड़तालीस के साल में अन्य देश काल या उन्नीस सौ चौरासी के साल का निरूपण इसमें किया गया है। इस अन्य देश काल के निरूपण के द्वारा उपन्यासकार अपने समय की व्याख्या करता है, जो अन्ततः एक चेतावनी है।

साहित्यशास्त्री आनन्दवर्धन ध्वनिवाद के प्रति प्रतिबद्धता के होते हुए भी स्वीकार करते हैं कि पर्यायोक्त, अप्रस्तुतप्रशंसा जैसे अलंकारों में व्यंग्य अर्थ की प्रधानता होने पर वहाँ ध्वनिकाव्य हो सकता है। कविगण इसीलिए अन्योक्ति या अप्रस्तुतप्रशंसा का प्रयोग करके उत्कृष्ट काव्यरचना करते रहे हैं।

अन्योक्ति में अप्रस्तुत का वर्णन करके प्रस्तुत को ही बताना होता है, यह प्रस्तुतवृत्तान्त व्यंग्य होता है। कवि का आशय इस व्यंग्य प्रस्तुत में ही रहता है। ध्वनिवादी स्वीकार करते हैं कि जब कवि का आशय व्यंग्य में हो, तो वहाँ ध्वनिकाव्य होता है। इस प्रकार अप्रस्तुतप्रशंसा जहाँ हो, वहाँ ध्वनिवादियों के अपने मानदंडों से ध्वनि या उत्तमकाव्य की सम्भावना बनती है।

अप्रस्तुतप्रशंसा में यह भी सम्भव है कि अप्रस्तुत वाच्य के द्वारा प्रस्तुत व्यंग्य तो निष्पन्न हो, पर कवि का आशय उसमें न हो। ऐसी स्थिति में भी अलंकार तो वहाँ अप्रस्तुतप्रशंसा रहेगा ही।

प्रस्तुत से प्रस्तुत ही व्यंग्य हो इसे क्या कहा जाएगा? रघुवीर सहाय की

रामदास कविता में—

चौड़ी सड़क गली पतली थी
दिन का समय घनी बदली थी
रामदास उस दिन उदास था
अन्तकाल आ गया पास था।
उसे बता यह दिया गया था
उसकी हत्या होगी।

रामदास प्रस्तुत है। इसके द्वारा उन असंख्य अनाम सामान्य लोगों का वृत्तान्त व्यंजित कराया गया है, जिनकी कभी भी कहीं भी हत्या हो सकती है। इसी तरह धूमिल की 'मोचीराम' कविता है।

राँपी से उठी हुई आँखों ने
मुझे क्षण भर टटोला
और फिर
जैसे पतियाते हुए स्वर में
वह हँसते हुए बोला—
बाबूजी! सच कहूँ मेरी निग़ाह में
न कोई छोटा है,
न कोई बड़ा है
मेरे लिए हर आदमी एक जोड़ी जूता है
जो मेरे सामने मरम्मत के लिए खड़ा है।

(संसद से सड़क तक, पृ. 41)

नए कवियों में अष्टभुजा शुक्ल ने अन्योक्ति का प्रयोग अच्छा किया है। इनकी अन्योक्तियों की विशेषता यह है कि इन्होंने आम आदमी के प्रस्तुत को कई अप्रस्तुतविधानों के द्वारा परिभाषित किया है, चेतावनी दी है या आम आदमी को जिनसे भय या खतरा है उनका प्रत्याख्यान किया है। सामान्यनिबन्धना तथा विशेष निबन्धना दोनों प्रकार की अप्रस्तुत प्रशंसा का ही प्रयोग अधिक है। पुराने कवियों की तरह वे अप्रस्तुत को सम्बोधित करके प्रस्तुत को अपनी बात सुनाते हैं।

गन्ने अपनी गाँठ बचाना
तुमको नया जन्म देने का, केवल वही ठिकाना।
रस के लम्पट गुड़ के लोभी, तुम पर आँख गड़ाए।
चिक्कन बने कोल्हार, करोड़ीमल आँख गड़ाए।

पोर-पोर पेरेंगे तुमको, फिर कड़ाह में लाएँगे।
खोइया पाती झौंक तुम्हारी बार-बार खौलाएँगे।
जब-जब तुम कड़ाह के बाहर उफन-उफन कर आओगे।
अपने ही कच्चे रस से पानी जैसे पक जाओगे।
खटकर, छिलकर, निचुड़-निचुड़ कर हो कर गेंड़ी-गेंड़ी।
सब कुछ खोकर भी बच जाना, अष्टभुजा बन पेंड़ी।

(पद-कुपद, पृ. 15)

यहाँ गन्ने के माध्यम से आज के आम आदमी को चेतावनी है। यह अन्योक्ति का एक विशेष रूप है, जहाँ अप्रस्तुत गन्ना भी सामान्य है और प्रस्तुत आम आदमी भी देश-विशेष के सन्दर्भों से मुक्त है तथा व्यक्ति विशेष न होकर व्यक्तिसामान्य है। इस प्रकार की अन्योक्ति की व्याप्ति सन्दर्भ विशेष में भी हो सकती है, और सन्दर्भों से मुक्त रहकर भी। बिहारी की 'नहिं पराग नहिं मधुर मधु'–मूलतः राजा जयसिंह के प्रबोध के लिए लिखी गई होगी, पर यह किसी भी ऐसे व्यक्ति पर लागू हो सकती है, और लागू की जा सकती है, जो असमय में रागरंग में लिप्त है।

अन्योक्ति की खूबी यही है कि प्रस्तुत का बयान सीधे-सीधे किया जाता, तो उसका चरित्र उतना पैने रूप में उजागर न हो पाता, जितना अप्रस्तुत को माध्यम बनाकर परोक्ष कथन से वह हो जाता है। वह पैनापन अप्रस्तुत की परख पर भी निर्भर है। आम जनता के लिए अष्टभुजा ने अपनी एक कविता में ऊँट के अप्रस्तुत को उठाया है।

लेकिन जब-जब ऊँट
हलता है पंचकोस्सी नदी के चुनाव में
तब तब
दूसरों की पीठ पर सवार होकर
पार करने के आदी
सियारों के
प्राण सूख जाते हैं
कि मनमौजी ऊँट
पता कि किस करवट बैठे।

अन्योक्ति की एक और पद्धति जो अष्टभुजा की कविता में अपनाई गई है, उसमें अप्रस्तुत को अस्पष्ट रहने दिया है। प्रस्तुत उससे और स्पष्ट बनता है।

पीठ हमारी मार तुम्हारे
ढोते-ढोते निहुक गए हम, ईति भीति के मारे।
ऊपर से तुमने दाँत पीसकर कशाघात सटकारे।

(पद-कुपद, पृ. 10)

यहाँ पीठ पर भार ढोनेवाला अप्रस्तुत कौन है, और उस पर कशाघात करनेवाला कौन है, यह कहा नहीं गया है। कशाघात सहनेवाले की बात प्रथम पुरुष में कही गई है।

जब भी इस बाज़ार से गुजरो।
महँगा बिको, खरीदो महँगा, दो में एक करो।
घर-घर बना दुकान यहाँ पर लोग-बाग सामान।
गायक बोल रहे हैं बोली बढ़-चढ़ सीना तान।

यह भी सामान्यनिबन्धना अन्योक्ति ही है, पर सन्दर्भ सीधे-सीधे आज के बाजारीकरण का है।

अन्योक्ति का आशय ही है कि विशेष का जो भी कथन हो, पर अन्ततः सब पर लागू हो सके। इस अर्थ में अन्योक्ति कविता में जनतन्त्रीकरण व अलंकार है। लोकजीवन से जुड़ कवियों ने इसका प्रयोग सत्ता के प्रत्याख्यान या उसे चुनौती देने के लिए किया है।

कविता में प्रतिबिम्ब का हिलना अथवा अन्यच्छाया का काव्यशास्त्र

जल के हिल जाने पर जैसे तल की छाया
हिलने लगती है, वैसे ही मेरे मन के
हिल जाने पर मेरा छाया पुरुष गगन के
प्रभालोक में हिलने लगता है। समझाया
तुमने मुझे मर्म जीवन का—मैंने पाया
तुम जल हो मैं निहित बिम्ब हूँ, उड़ते घन के
प्रतिबिम्बों पर सुस्थिर, तार हृदय के खनके
साँस साँस से, जीवन जग कर आगे आया।
छाया छाया छाया छाया—जब भी देखा
केवल छाया दिखी; रूप किस ओर खो गया
अपनी चमक दिखाकर, कहाँ गया वह आत्मा
जिसकी सब तलाश करते हैं, जिसकी रेखा
नहीं बनी लेकिन सत्ता का शोर हो गया
सारे जग में, आत्मा ही तो है परमात्मा।

(त्रिलोचन : प्रतिनिधि कविताएँ, 1985, पृ. 28-29)

जल के हिल जाने पर तल की छाया हिलने लगती है। जिसकी छाया है, उसके हिलने पर भी छाया हिलती है। कुछ कवियों ने मन या चेतना के जल से या जल को मन से उपमित किया है। वाल्मीकि ने लिखा है—''रमणीयं प्रसन्नाम्बु सन्मनुष्यमनो यथा''—सज्जन पुरुष के मन जैसा निर्मल जल। कालिदास ने लिखा है—''गम्भीरायाः पयसि चेतसीव प्रसन्ने'' गम्भीरा नदी के निर्मल चित्त जैसे स्वच्छ जल में। मन में किसी की छाया पड़ती है, मन के हिलने पर वह छाया भी हिलती है। त्रिलोचन ने मन में चेतन पुरुष की छाया पड़ने की बात कदाचित् सांख्य के चिच्छायापत्ति के सिद्धान्त से ली है। सांख्य में मन, बुद्धि, अहंकार ये प्रकृति

(मैटर) से जन्मे हैं, इसलिए अपने आप में जड़ हैं, इनमें चेतन पुरुष की छाया संक्रान्त होती है, तो ये चेतन की तरह हरकत में आ जाते हैं। पर मन के हिलने पर छाया के हिलने का बिम्ब कवि की सूझ और समझ से आया है।

त्रिलोचन जी के इस सॉनेट में कुछ अनोखी बातें कही गई हैं। एक निराली बात यह है कि जिसकी छाया है, वह अदृश्य है, केवल छाया दिख रही है। उत्तररामचरित के तीसरे अंक को छायांक कहा जाता है, क्योंकि वहाँ विरही राम को सीता नहीं दिखतीं, न उनकी छाया दिखती है। त्रिलोचन ने जिस स्थिति का वर्णन किया है, उसका बड़ा मार्मिक निरूपण दिङ्नाग के कुन्दमाला नाटक में है। वहाँ विरही राम सीता की सरोवर में पड़ती परछाईं को तो देख पाते हैं, पर जिसकी वह परछाईं है, उस सीता को वे नहीं देख सकते।

मनुष्य अपने स्वरूप का बिम्ब मात्र है। प्रतिबिम्ब अपने बिम्ब को खोजता रह जाता है। जिस आधार में वह अंकित हुआ है, उसके विचलन से वह भी विचलित होता है। वह छायापुरुष क्या है, जो कवि के मन के हिलने पर गगन के प्रभालोक में हिलने लगता है? क्या यहाँ कवि यह कहना चाहता है कि मन में सिसृक्षा होने पर उसकी छायाएँ अनन्त तक प्रभा बिखेरती हैं? रूप से आशय उस वस्तु से नहीं है, जिसे अंग्रेजी में 'फॉर्म' कहा जाता है। 'रूप' शब्द का प्रयोग करते समय 'फॉर्म' का आशय कवि के मन शायद नहीं था, काव्यशास्त्र या नाट्यशास्त्र के आचार्यों की यह परिभाषा उसके संस्कार में रही होगी—"'रूपं दृश्यतयोच्यते"—जो दिखाई दे वह रूप है। रूप अपना सच्चा स्वरूप है। पर वह ही नहीं जाना जा रहा है। जाना भी नहीं जा सकता, उसका साक्षात्कार या दर्शन भर हो सकता है। पर रूप का साक्षात्कार भी सहज सम्भव वहीं है। वहाँ केवल उसकी छाया दिख रही है। वह छाया प्रतिरूप है। ऐतरेय ब्राह्मण में कहा गया—यद् वै प्रतिरूपं तच्छिल्पम्। जो-जो प्रतिरूप है, वह सब शिल्प है। तो क्या त्रिलोचन यह कह रहे हैं कि कविता में वस्तु अलग से कहीं नहीं, वह शिल्प में ही समाई हुई है। वस्तु को लेकर शोर किया जाता रहता है। आत्मा की बात सभी करते हैं। पर उसे सचमुच में न किसी ने देखा है, न जाना है।

क्या यह जगत् की वास्तविकता का प्रतिबिम्ब है? त्रिलोचन के इस सॉनेट की एक व्याख्या यह भी की जा सकती है कि यह सारा संसार छाया है, रूप (आत्मा या परमात्मा) वास्तविकता है। पर यह वास्तविकता कहीं नज़र नहीं आती। केवल छाया नज़र आती है। तब जिसे छाया कहा जा रहा है, वास्तविकता वही है, रूप उसी में समाया हुआ है। उपनिषद् कहता है—तत् सृष्ट्वा तदेवानुप्राविशत्।

सम्पूर्ण साहित्य ही छाया है। इस छाया में ही मूल समाया हुआ है। पर मूल

को तो किसी ने देखा नहीं है, ऋग्वेद के नासदीय सूक्त में उसकी व्याख्या करते हुए कहा गया है कि आरम्भ में सत् भी नहीं था और असत् भी नहीं था, फिर भी कुछ था, जो उसके भीतर साँस ले रहा था। त्रिलोचन ने अपने एक दूसरे सॉनेट में इसको ''अस्थिति में स्थिति'' कहा है। ऋग्वेद के सूक्त में अन्त में ''परम व्योम'' शब्द आया है, सम्भवतः उसके संस्कार से इस सॉनेट में महाकाश में स्थित किसी कलश का बिम्ब साधा गया है–

महाकाश का कलश सुनील पारदर्शी है,
उसमें अपनी पृथ्वी स्थित है, घूम रही है;
एक ओर तो प्रखर ज्योति की धार बही है,
सूरज की, दूसरी ओर तम सुस्पर्शी है,
अस्थिति में स्थिति जीवन स्वयं रोमहर्षी है,
मरण दौड़ में पिछड़ किया गया है, किन्तु सही है,
जीवन ने जो व्यथा किसी से कहाँ कही है
कौन कह गया यही व्यथा ही मधुवर्षी है।

(प्रतिनिधि कविताएँ, 1985, पृ. 28-29)

ऋग्वेद के कवि ने कहा है कि परम व्योम में जो सृष्टि का कोई अध्यक्ष विराजमान है क्या पता वह भी इसके रहस्य को जानता है या नहीं जानता। ''जल के हिल जाने पर...'' शीर्षक सॉनेट में आत्मा की अज्ञेयता की बात भी इसी दृष्टि से कही गई लगती है। ''तम आसीत् तमसा गूढमग्रे''–अन्धकार की परतों के भीतर अन्धकार ही लिपटा हुआ था–ऋग्वेद के नासदीय सूक्त की ही इस अभिव्यक्ति से प्रेरित होकर ''तम सुस्पर्शी है'' कहा गया है। ऐसा अँधेरा जिसे अच्छी तरह छुआ जा सके। नासदीय सूक्त में फिर कहा है–''आनीदवातं स्वधया तदेकम्'' स्वधा के द्वारा निर्वात में वह अकेला साँस ले रहा था। त्रिलोचन ने कदाचित् पहले उद्धृत सॉनेट में ''तार हृदय के खनके, साँस-साँस से जीवन जगकर आगे आया''–उसकी ही छाया लेकर कहा है।

दिङ्नाग (?) के कुन्दमाला नाटक में राम ने नैमिषारण्य में अश्वमेधयज्ञ का अनुष्ठान किया है। यज्ञ की भीड़भाड़ के कारण वाल्मीकि के तपोवन की स्त्रियों को सरोवर में स्नान करने या पानी लेने में असुविधा होती है। स्त्रियों के अनुरोध पर वाल्मीकि अपने तपोबल से विधान कर देते हैं कि उस सरोवर के किनारे पर स्थित कोई भी स्त्री पुरुषों के लिए अदृश्य रहेगी। निर्वासित सीता भीड़ से बचने के लिए ज्यादातर अपना समय यहीं बिताती हैं। इसी सरोवर के किनारे घूम रही हैं और राम सरोवर के किनारे पर आ जाते हैं, सीता की सरोवर में पड़ती छाया

देखते हैं, पर जिसकी छाया है उसे नहीं देख पाते। शायद त्रिलोचन के उक्त सॉनेट में कहीं कुन्दमाला की छाया रही हो। रूप खो गया है, छाया कवेल दिखती रह जाती है। दिङ्नाग ने छाया और रूप को यहाँ बहुत निकट भी ला दिया है। राम मूर्च्छित हो जाते हैं, तो सीता उनका स्पर्श करती हैं, राम सीता को पकड़ना चाहते हैं तो उनके हाथ में सीता का उत्तरीय आ जाता है। सीता अपना उत्तरीय छोड़कर अलग हो जाती हैं। राम उस उत्तरीय को पहचान लेते हैं, और उसे अपने कन्धे पर डाल लेते हैं, फिर सोचते हैं कि मुझे दो-दो उत्तरीय धारण किए हुए देखकर मुनिजन कुछ और सोचेंगे, वे अपना पहले का उत्तरीय उतारकर नीचे गिराते हैं जिसे सीता उठा लेती हैं। यहाँ छाया को छूने के प्रयास में उसका एक छोर हाथ में आ गया है जिसकी कि वह छाया है।

सांख्य में चेतन पुरुष की छाया जड़ प्रकृति में संक्रान्त होने से संसार में संसरण और बन्धन की प्रक्रिया आरम्भ होती है, और इस प्रक्रिया के होने से ही मुक्ति की प्रक्रिया भी आरम्भ हो पाती है। इसीलिए छाया बन्धन और मुक्ति दोनों का पथ-प्रशस्त करती है। अपनी ही छायाएँ जब बन्धन बन जाएँ, तो उन्हें तोड़ देना आवश्यक हो जाता है।

तू न अपनी छाँह को अपने लिए कारा बनाना !
जाग तुझको दूर जाना !

कहीं अपनी छाया को छूना ही दुख दूना करना होता है। फिर भी जहाँ-जहाँ छाया है, वहाँ उसकी वस्तु भी होगी। पर साहित्य में उसे पलटाकर भी अन्वय व्याप्ति बनती है—यदि वस्तु है, तो वह अपनी छायाएँ अवश्य पैदा करेगी। इस तरह यहाँ छाया और रूप में अन्वय व्यतिरेक दोनों तरह की व्याप्ति का सम्बन्ध है।

टी.एस. इलियट कहते हैं कि किसी कवि को पढ़ते समय हम केवल उसी कवि को नहीं पढ़ रहे होते, उसके पहले के उन रचनाकारों को भी पढ़ रहे होते हैं, जिनकी छायाएँ उस वर्तमान कवि की रचना में प्रतिफलित हुई हैं। हम उस कवि का ही नहीं पहले साहित्य का भी नया मूल्यांकन उसके साथ-साथ कर रहे होते हैं।[1] यह एक तरह से साहित्य में उस प्रक्रिया का घटित होना है, जिसे दिङ्नाग कुन्दमाला में दिखा रहे हैं। जिसकी छाया है, उसका उत्तरीय ही छाया खोजनेवाले के हाथ में नहीं आया, वह अपना स्वयं का उत्तरीय भी इस छाया के मूल को देता है, पहले की रचना भी इस तरह नया रूप यहाँ पाती है।

कवि अपनी प्रातिभदृष्टि से संसार को देखता है, और प्रातिभदृष्टि से देखा गया संसार कविता में निरूपित करता है। इसीलिए वास्तविक जगत् की

अन्यच्छाया या कुछ और ही तरह की छाया कविता में प्रकट होती है। इसी के साथ कवि अपने से पहले लिखे गए या अपने समय लिखे जा रहे साहित्य को भी समझता है। इस साहित्य को भी वह अपनी प्रतिभा की आँखों से देखता है, और प्रतिभा की आँखों से देखे गए इस साहित्य संसार की फिर अन्य ही छाया उसकी अपनी रचना में बनती है। इसके कारण अपने समय के साहित्य या अपने से पहले के साहित्य से उसका संवाद बनता है। इस संवाद पर आनन्दवर्धन ने विस्तार से विवेचन किया, जिसकी चर्चा हम अन्यत्र कर चुके हैं। पर आनन्दवर्धन और राजशेखर के विवेचन में भाषा और शैली के सादृश्य पर आग्रह अधिक है। दूसरे, ये दोनों केवल पूर्ववर्ती साहित्य से वर्तमान समय के रचनाकार के संवाद का सन्दर्भ लेकर ही अपना विवेचन करते हैं। अन्यच्छाया केवल पुराने साहित्य की ही नए साहित्य में नहीं होती, पुराने और नए साहित्य दोनों में विविध अन्यच्छायाएँ निरन्तर संक्रान्त होती रहती हैं।

पूर्णसरस्वती ने कालिदास के मेघदूत पर 'विद्युल्लता' नामक टीका लिखी है। इतनी विशद्, भाव के मर्म को उघाड़नेवाली व व्याख्या के नाना स्तरों का उद्‌घात करनेवाली अन्य टीका मेरे देखने में नहीं आई। पूर्ण सरस्वती ने वाल्मीकि का प्रभाव कालिदास की रचना में अनेकत्र देखा है। ऐसे प्रभावों की मीमांसा करते हुए वे कहते हैं—यहाँ अन्यच्छाया है। आनन्दवर्धन जिसे संवाद कह रहे हैं, राजशेखर जिसे निह्नुतयोनि तथा अन्ययोनि काव्यार्थ कह रहे हैं, पूर्णसरस्वती थोड़े से अर्थादेश के साथ उसी को अन्यच्छाया कह रहे हैं।

भोज ने अपने "सरस्वतीकंठाभरण" में छाया नाम से एक अलंकार बताया है। उनके अनुसार अन्य की उक्ति छाया के द्वारा काव्य में प्रतिफलित हो, तो छाया अलंकार होता है। इस छाया अलंकार के छह भेद भोज ने बताए हैं— लोकोक्तिच्छाया, अर्भकोक्तिच्छाया, उन्मत्तोक्तिच्छाया, पोटोक्तिच्छाया तथा मत्तोक्तिच्छाया। भोज ने छाया का क्षेत्र बलात् सीमित कर दिया है। यदि अन्य की उक्तियों की छाया या प्रतिबिम्ब की छायालङ्कार है, तो इसे षड्भेदात्मक ही क्यों माना जाए? संसार में मनुष्यों की असंख्य कोटियाँ हैं। महापुरुषोक्तिच्छाया, प्रियोक्तिच्छाया, रिपूक्तिच्छाया इत्यादि भेदों से अनन्त भेद हो सकते हैं।

छाया का अर्थ सौन्दर्य है। आनन्दवर्धन और राजशेखर जब संवाद या निह्नुति योनि अर्थ का निरूपण करते हैं, तो वे पूरी तरह सचेत हैं कि यह संवाद या अन्ययोनिता सौन्दर्य के लिए है। पूर्णसरस्वती और त्रिलोचन भी छाया का आशय सौन्दर्य लेते हैं। प्रसाद जी ने छायावाद की व्याख्या करते हुए छाया के इस मूल अर्थ की ओर लौटने का संकेत किया था।

समग्र वाङ्मय छाया है। इस छाया में हम उसे देखने का संरम्भ रचते हैं, जो छाया का मूल हो सकता है। मूल भी वह जिसके बारे में ऋषि ने कहा कि क्या पता वह स्वयं भी जानता है या नहीं जानता है। साहित्य में जीवन के आधिभौतिक, आधिदैविक तथा आध्यात्मिक स्तरों को समेटते हुए जो समग्र भाव लाया जाता है, उसे हमने अलंकार कहा है। इस अलंकार में साहित्य का सम्पूर्ण सौन्दर्य भी समाहित है। छाया या अन्यच्छाया भी इसी व्यापक अलंकार का एक अंग है। जिस तरह अलंकार साहित्य में अनिवार्य और अविभाज्य है, उसी तरह यह अन्यच्छाया भी। आनन्दवर्धन, राजशेखर तथा भोज ने संवाद, काव्यार्थयोनिता तथा छाया का विवेचन पहले की उक्ति पर कवि के द्वारा अपनी उक्ति को आधृत करके उक्ति की भंगिमा रचने के अर्थ में ही किया है। पर मेरी दृष्टि से छाया या अन्यच्छाया को केवल उक्तिवैचित्र्य तक सीमित रखा जाना उचित नहीं है। रचनाकार कहीं से रचना के लिए सामग्री लेता ही है, जिसे राजशेखर अयोनि या सर्वथा मौलिक काव्यार्थ कह रहे हैं, उसमें भी सामग्री कवि की प्रतिभा से निष्पादित है और यह प्रतिभा अन्ततः समाज, देश, काल से प्राप्त संस्कारों से बनी है। अतः कविता का जो अर्थ कवि के द्वारा स्वतः उद्‌भावित कहा जा रहा है, वह भी वस्तुतः अन्यच्छाया ही है, अपनी ही प्रतिभा की छाया।

अन्यच्छाया रचना की मूलभूत शर्त है। इसका आशय मात्र प्रभावग्रहण नहीं है। मौलिकता का मानक भी अन्यच्छाया से ही बनता है। टी.एस. इलियट फिर कहते हैं कि आमतौर पर कोई कवि कितना मौलिक है–इसका पता हम इस बात से करते हैं कि उसने पहले के कवियों से हटकर क्या कहा है। हम मान लेते हैं कि पूर्ववर्ती साहित्य के विविध अभिप्रायों या उक्तिभंगिमाओं का नए साहित्य में अंगीकार मौलिकता का क्षरण करता है। पर यह भ्रम है। इलियट कहते हैं–''यदि हम इस पूर्वाग्रह को त्यागकर साहित्य का परीक्षण करें, तो प्रायः यह पाएँगे कि रचना के सबसे उत्तम और सबसे मौलिक अंश वे हैं, जिनमें रचनाकार के पहले के दिवंगत कवियों, उसके पुरखों ने उसकी रचना में अपनी अमरता का प्रभावशाली रूप में प्रख्यापन किया है।''[2] रचने के लिए लेखक अपने ऐतिहासिक वर्तमानकालिक व्यक्तित्व का विसर्जन करके समष्टि मन से एकाकार हो जाता है। समष्टि मन से वह जितना अधिक एकाकार होता है, उतनी ही अधिक अन्यच्छाया की विच्छित्तियाँ और नाना अभिप्राय उसके लेखन में उतरते जाते हैं। और उतना ही अधिक मौलिकता का संधान भी वह कर पाता है।

इस सारे विवेचन के सन्दर्भ से अन्यच्छाया के चार प्रकार माने जाने चाहिए–वास्तवमूलक अन्यच्छाया, साहित्यमूलक अन्यच्छाया, ऐतिह्यमूलक अन्यच्छाया तथा

शास्त्रमूलक अन्यच्छाया। वास्तवमूलक अन्यच्छाया में हमारे सम्पूर्ण ऐहिक संसार, लोकवार्ता, लोकजीवन और यथार्थ को रचनाकार अन्यच्छाया के द्वारा प्रस्तुत करता है। भोज का छाया अलंकार इसमें अन्तर्भावित हो जाता है। साहित्यमूलक अन्यच्छाया में वह अपने पहले रची गई किसी रचना से पद, पदावली, भाव, मुहावरे, अभिव्यक्ति की शैली ग्रहण करता है। आनन्दवर्धन और राजशेखर के 'संवाद' और 'काव्यार्थयोनिता' की अवधारणाएँ इसमें विश्रान्त कही जा सकती हैं। ऐतिह्यमूलक अन्यच्छाया में साहित्यकार परम्पराओं, सांस्कृतिक विरासत, प्राचीन आख्यानों या उपाख्यानों को प्रस्तुत करता है। शास्त्रमूला अन्यच्छाया में वह चिन्तन-परम्पराओं और विचार के प्रस्थानों को स्वायत्त करके उन्हें रचना-संसार का हिस्सा बना लेता है।

इन चारों प्रकारों के ऊपर कवि या रचनाकार की अपनी प्रतिभा की अन्यच्छाया रहती है, यह नहीं रहेगी, तो चारों का प्रयोग निरर्थक हो जाता है। क्योंकि अन्यच्छाया का अर्थ सीधे-सीधे प्रभावग्रहण नहीं है। प्रतिभा की भट्ठी में सामग्री के ढलने की प्रक्रिया अन्यच्छाया है। अन्यच्छाया के व्युत्पत्तिपरक अर्थ भी दो हो सकते हैं–(1) अन्य की छाया, और (2) अन्य ही प्रकार की छाया या सौन्दर्य। इस दूसरे प्रकार ('अन्य ही प्रकार की छाया') को आचार्य हजारीप्रसाद द्विवेदी ने अन्यथाकरण कहा है। रचनाकार वास्तव जगत्, पूर्ववर्ती साहित्य या अतीत आदि से जो कुछ सामग्री लेता है, उसे अपनी प्रतिभा से नया कर देता है। यह प्रतिभाकृत अन्यच्छाया है, जो सारी अन्यच्छायाओं के साथ रचना में होनी ही चाहिए। यहाँ रचनाकार स्वयं की उद्‌भावना, परिकल्पना या अन्तर्दृष्टि से रचना में जो व्यक्त करता है, उसे भी हमने अन्यच्छाया ही कहा है। क्योंकि उसे व्यक्त करते समय रचनाकार भी अपने आपको अपने से अलग करता है। उसके दो रूप हो जाते हैं, पहला दूसरे को अन्य बनाकर उसकी छायाओं को रचना में रूप देता है। टी.एस. इलियट के विवेचन के आधार पर लेखन के इन्हीं दो रूपों को 'इंपायरिकल ऑथर' और 'इम्प्लाइड ऑथर' कहा जाता है। हजारीप्रसाद द्विवेदी तो अपने उपन्यासों में अपना इम्प्लाइड ऑथर भी स्वयं घोषित करते हैं। पुनर्नवा को छोड़कर शेष तीनों उपन्यासों में इन्हें किसी और की कृति बतानेवाली एक काल्पनिक प्रस्तावना दी गई है। अपने दूसरे उपन्यास का तो नाम ही अघोरनाथ के द्वारा चन्द्रगुहा के पृष्ठभाग पर उट्टंकित वृत्तान्त के कारण उन्होंने 'चारुचन्द्रलेख' रखा। रचनाकार किसी व्योमकेश शास्त्री, किसी अघोरनाथ किसी मिस कैथराइन में अपना लेखकीय व्यक्तित्व भी स्वयं रचता है। लेखकीय व्यक्तित्व ऐतिहासिक वर्तमान में विद्यमान व्यक्तित्व की छाया हुआ करता है। यह

व्यक्तित्व अपने मूल से मिली सामग्री का अन्यथाकरण करता हुआ रचना में अन्यच्छायाओं का सन्धान और आधान करता है। अन्यच्छाया के प्रक्रियागत दो प्रकार हो जाते हैं–सामग्री का सन्धान और उसका अन्यथाकरण करते हुए रचना में आधान। उपनिषदों में विद्या के दो प्रकार कहे गए हैं–पराविद्या और अपराविद्या। ये दोनों परस्पर सम्बद्ध हैं, उसी प्रकार अन्यच्छाया के दोनों प्रकार भी एक ही सिक्के के दो पहलू हैं। किसी काव्य में प्रथमः पक्ष साम्मुखीन या प्रधान होता है, किसी में दूसरा।

इस प्रकार अन्यच्छाया में अन्यथाकरण का होना अनिवार्य है। चाहे वास्तविक जगत् से सामग्री ली गई हो, चाहे पूर्ववर्ती रचनाओं से या इतिहास-पुराण, आख्यान आदि की परम्पराओं से या शास्त्र से। यदि रचना में वह यथातथ्य रख दी गई, तो रचना नहीं होती, रचना उसकी शववाहिका बन जाती है।

अन्यच्छाया की छाया अथवा विच्छित्ति काव्य में त्रिधा प्रतिफलित होती है–अवरा, मध्यमा तथा उत्तमा। अन्य की छाया का प्राधान्य हो तथा रचनाकार के प्रातिभोन्मेष की गौणस्थिति हो, तो अवरा अन्यच्छाया होती है। दोनों के सम-प्राधान्य में मध्यमा तथा अन्य की छाया के गुणीभूत होने पर और कविप्रतिभासंरम्भ के ही सर्वातिशायी होने पर उत्तम अन्यच्छाया होती है। पहली अन्यच्छाया में प्रतिबिम्बवत्, द्वितीया में आलोख्याकारवत् तृतीय में च तुल्यदेहितुल्य या परपुरप्रवेशतुल्य अनुकृति होती है। यहाँ आनन्दवर्धन के एक वाक्य की अन्यच्छाया लेकर कह सकते हैं कि तृतीयकोटि का अवगाहन करनेवाली उत्तम अन्यच्छाया महाकवि के अलोकसामान्य प्रतिभाविशेष की व्यंजक है।

वास्तवमूलक अन्यच्छाया, साहित्यमूलक अन्यच्छाया, ऐतिह्यमूलक अन्यच्छाया तथा शास्त्रमूलक अन्यच्छाया–इन चारों अन्यच्छायाओं के साथ रचनाकार की अपनी प्रतिभा से निर्मित छायाओं का जितना विपुल और गहन संपुजन कोई रचना प्रस्तुत करती है, उतनी बड़ी उसकी पृष्ठभूमि और व्याप्ति हो जाती है और वह उतनी ही मूल्यवान् कृति हो जाती है। इस प्रकार चतुर्विध अन्यच्छायाओं का एक साथ रचना में आयत्तीकरण–सन्धान, निधान, आधान व प्रतिनिधान–रचना की एक कसौटी है। रामचरितमानस में तुलसीदास जी ने आरम्भ में ही स्पष्ट कर दिया है कि वे नानापुराणनिगमागमसम्मत भी लिख रहे हैं तथा कहीं और से भी सामग्री स्वीकार कर रहे हैं। इस विविध स्रोतों से आयत्तीकृत सामग्री को भी अपनी ही अन्तर्दृष्टि के आलोक में उन्होंने विन्यस्त और अन्यथाकृत किया है। रामचरितमानस में वास्तवमूलक अन्यच्छाया, साहित्यमूलक अन्यच्छाया, ऐतिह्यमूलक अन्यच्छाया तथा शास्त्रमूला अन्यच्छाया ये चारों यथास्थान विन्यस्त हैं। इसमें कलियुगवृत्त,

खलवृत्तान्त के साथ कालिदास, भवभूति आदि की कई पंक्तियाँ, अनुश्रुतियाँ, आभाणक, विविध शास्त्र ये सब समेट लिए गए हैं। इसकी अपेक्षा सूरसागर में अन्यच्छायाओं का यह सम्मर्द नहीं है। अन्यछायाओं का सम्मर्द रचना को इकहरेपन से बचाता है। पंडित हजारीप्रसाद द्विवेदी के चारों उपन्यासों की संरचना और रचना-प्रक्रिया तुलसीदास के रामचरितमानस के समान है, जो नानापुराणनिगमागमसम्मत होकर भी स्वान्तःसुखाय है। बाणभट्ट की आत्मकथा में द्विवेदी जी ने कदाचित् सबसे अधिक प्राचीन साहित्य की अपनी स्मृति, उसके मन्थन से जनित उपपत्तियों व पंक्तियों, अभिप्रायों को समेटा है। यहाँ बाणभट्ट के दोनों गद्यकाव्यों तथा चंडीशतकस्तोत्रकाव्य के अतिरिक्त बाण के समकालीन राजा हर्ष की तीन रूपक रचनाओं, भवभूति और शूद्रक के नाटक–विशेषतः *मालतीमाधव, रघुवंश, मेघदूत, विक्रमोर्वशीय* तथा *कुमारसम्भव* आदि कालिदास के काव्यों, शास्त्रों में *कामसूत्र* और *नाट्यशास्त्र, कौलावलीनिर्णय, बृहत्संहिता, भक्तिरसामृतसिन्धु, अभिलषितार्थचिन्तामणि*–यहाँ तक कि बौद्धसाहित्य के अनेक ग्रन्थों–विशेषतः मिलिंदपन्हो तथा आधुनिक रचनाओं में राखालदास बन्धोपाध्याय के दो उपन्यासों–*शशांक* और *करुणा* का उपयोग किया गया है। देवपुत्र तुवरमिलिन्द की अपहृता कन्या चन्द्रदीधिति (भट्टिटणी) के सन्धान के लिए प्रसारित भावपूर्ण आह्वानपरक पत्र अपनी पदावली और वाक्यावली में 'करुणा' उपन्यास में इसी तरह के प्रसंग में भेजे पत्र की छाया लेकर प्रस्तुत है। कापालिकों की वशीकरण साधनाओं का वर्णन भी राखालदासजी के उपन्यास में हुआ है, जो सम्भवतः द्विवेदीजी के लिए प्रेरणाभूमि बना है। 'करुणा' तथा 'शशांक' दोनों उपन्यासों में हूणों के बर्बर आक्रमण का प्रतिरोध करने के लिए पुकार है। द्विवेदी जी ने इसका भी उपयोग किया है, हूण शब्द के स्थान पर 'प्रत्यन्त दस्यु' शब्द उन्होंने रखा है। राखालदास के उपन्यासों के अनेक प्रसंग द्विवेदीजी में परोक्ष छाया ग्रहण कर अपनी अलग विच्छिति उत्पन्न करते हैं। पर राखालदास के उपन्यासों से कुछ पंक्तियों या प्रसंगों की समानता स्थूल या सतही ही है। हजारीप्रसाद द्विवेदी के उपन्यासों का कलेवर अपनी आभ्यन्तर संरचना में उनसे बहुत अलग है। यह आभ्यन्तर संरचना यदि किन्हीं आधुनिक रचनाकारों से प्रभावित हुई है, तो वे रवीन्द्रनाथ और शरत्चन्द हैं। 'बाणभट्ट की आत्मकथा' का नायक, शरत्चन्द्र के श्रीकान्त की तरह यायावर, प्रेम प्रसंगों से कतराकर बच निकलनेवाला है, तो दूसरी ओर निउनिया, चन्द्रा आदि प्रगल्भा नायिकाओं की सृष्टि भी शरत्चन्द्र की नारी पात्रों का स्मरण कराती है। द्विवेदीजी के उपन्यास आनन्दवर्धन और इलियट की मान्यताओं को सत्यापित करते हैं, उनका अनूठापन और मौलिकता इसी में है कि

उनमें उपन्यासकार ने प्राचीन साहित्य, ऐतिह्य, शास्त्र और अपने समय के समाज-देशकाल से प्राप्त संस्कार, विचार, व्यवहार प्रसंगों को रचना के ताने-बाने में गूँथ दिया है, अन्यच्छायाओं के सघन गुम्फन के कारण वे उपन्यास मौलिक ही हैं।

यशपाल का 'झूठा-सच' बृहत् उपन्यास है, पर उसमें अन्यच्छाया का एक ही रूप छाया हुआ है—वास्तवमूला अन्यच्छाया का। यही स्थिति भीष्म साहनी के 'तमस' की है।

फिर भी यह ज़रूरी नहीं कि विविध अन्यच्छायाओं का संपुंजन होने से ही रचना उत्तम बन जाती हो, और अन्यच्छाया के केवल किसी एक प्रकार के रहने के कारण वह कम उत्कृष्ट हो जाती हो। रचनाकार के द्वारा विहित अन्यथाकरण ही उसे उत्कृष्ट बनाता है। 'कफ़न' जैसी कहानियाँ वास्तवमूलक अन्यच्छाया की संक्रान्ति और कथाकार द्वारा उसके युक्तियुक्त आधान के कारण ही उत्कृष्टता के शिखरों पर पहुँचती है। कालिदास का शाकुन्तल महाभारत के शकुन्तलोपाख्यान पर आधारित होने से साहित्यमूलक अन्यच्छाया का उदाहरण है। पर पूरी पंडित परम्परा इसे कालिदास का ही नहीं संस्कृत साहित्य का सर्वस्व मानती आई है। हो सकता है, भवभूति का 'उत्तररामचरित' दिङ्नाग (?) की 'कुन्दमाला' पर आधारित हो, पर भवभूति उसे अपनी गहरी संवेदना और अनुभूति में फिर से जीकर उसमें प्रेम की अनन्यता का जो दर्शन करते और करा देते हैं, उसके द्वारा तो कथित दिङ्नाग की कृति ही धन्य हो गई है।

एच.सी. एंडरसन् परीकथाएँ ऐतिह्यमूलक उत्तम अन्यच्छाया के उदाहरण हैं। ढाँचा परीकथा का रहता है, पर मनुष्य की वेदना और संवेदना घनीभूत होकर जिस अपार सम्भावनाओं के साथ परीकथाओं की इन अन्यच्छायाओं में व्यक्त होती है, वह एच.सी. एंडरसन की प्रतिभा का चमत्कार है। विजयदान देथा की कहानियाँ भी ऐतिह्यमूलक उत्तम अन्यच्छाया के उदाहरण हैं। यों दोनों कथाकार लोककथाओं के प्रतीकों को विश्वबोध के असीम व्योम में फैलाकर प्रस्तुत करते हैं।

शास्त्रमूलक अन्यच्छाया के उत्तम उदाहरण प्रसाद की कामायनी और मुक्तिबोध की कविताएँ हैं। एक में शैवदर्शन समाया हुआ है, दूसरे में मार्क्सवादी चिन्तन।

सन्दर्भ

1. "No poet, no artist of any art has his complete meaning alone. His significance, his appreciation is the appreciation of his relation to the dead poets and artists. You cannot value him alone, you must set

him for contrast amongst the dead. I mean this as a principle of aesthetic, not merely historical criticism. The necessity that he shall conform that he shall cohere, is not one sided; what happens when a new work of art is created is something that happens simulteneously to all works of art which precede it. The existing monuments form an ideal order among themselves which is modified by the introduction of the new (the really new) work of art among them." (Tradition and Individual Talent, T.S. Illiot, 1915 p. 15)

2. "If we approach a poet without this prejudice, we shall often find that not only the best, but the most individual parts of his work may be those in which dead poets, his ancenstors, assert their immortality most vigorously." (Tradition and Individual Talent. T.S. Illiot, 1915,p. 14)

परभावकरण अर्थात् कविता में उतरना जड़भरत का

ऋग्वेद के दीर्घतमा ऋषि के प्रख्यात अस्यवामीय सूक्त में दो चिड़ियों का रूपक प्रयुक्त है। किसी अश्वत्थ वृक्ष की एक ही शाखा पर दो पक्षी एक साथ बैठे हैं। उनमें से एक तो पीपल का सुस्वादु फल खा रहा है, दूसरा न खाता हुआ उसे केवल देख रहा है।

इस रूपक की वेदान्ती व्याख्या में खानेवाला पक्षी जीव है, केवल देखनेवाला पक्षी परमात्मा। यह तो स्पष्ट है कि दीर्घतमा ऋषि दो दृष्टियों को यहाँ चित्रित कर रहे हैं, एक भोगवादी और उपभोक्तावादी दृष्टि है, दूसरी विराग और त्यागवाली। दूसरी दृष्टि की वरेण्यता भी ऋषि बता रहे हैं। पर जो देख रहा है, वह कुछ कर नहीं रहा। क्या कुछ न करते हुए जड़भरत होकर रहना ही यहाँ उत्कृष्ट जीवनपद्धति के रूप में प्रतिपादित है?

जड़भरत की कथा श्रीमद्भागवत के पंचम स्कन्ध में आती है। अवधूत भरत उन्मत्त, जड़ और बधिर की भाँति विचर रहे थे। इसी समय सिन्धुसौवीरपति राजा रहूगण इक्षुमती नदी के किनारे से गुज़रे। उनकी पालकी को ढोने के लिए एक शिविकावाहक कम पड़ गया, तो राजपुरुष मोटा-तगड़ा शरीर देखकर जड़भरत को ले आए। राजपुरुषों से बिना कोई हुज्जत किए जड़भरत विष्टि या बेगार करनेवालों में शामिल हो गए। पालकी ढोने का अभ्यास उनको था नहीं, इसलिए पालकी उनके कोने से बार-बार ऊँची-नीची होती और राजा को धचके लगते। राजा के पूछने पर पालकी ढोनेवाले शेष मजदूरों ने कहा—यह जो सबसे मोटा-तगड़ा शिविकावाहक है, इसके कारण गड़बड़ी हो रही है। राजा रहूगण जड़भरत को झिड़कने लगा और वे चुपचाप पालकी ढोते रहे। अन्त में राजा रहूगण के द्वारा अनाप-शनाप बकने और दुत्कारे जाने पर जड़भरत ने मुस्कराते हुए उससे कहा—''न तो मैं यह बोझा ढो रहा हूँ, न मैं रास्ते पर चल रहा हूँ, न मैं मोटा तगड़ा ही हूँ। स्थूलता, कृशता, व्याधियाँ-आधियाँ, क्षुधा-तृषा, भय, वैर, इच्छा, जरा, निद्रा, रति, क्रोध, अहंकार, मद और शोक—ये इस देह में उत्पन्न होते हैं, ये मेरे नहीं हैं।''

बाद में अपने लम्बे उपदेश में जड़भरत ने राजा से एक बात और कही—''इस

धरती पर बाकी लोगों की तरह तू भी चल रहा है। तू राजा और बाकी लोग मजदूर यह कैसे? बाकी लोगों की तरह मेरे भी दो पाँवों के ऊपर पिंडलियाँ, घुटने, कमर, छाती और माथा है। फिर तू ही क्यों पालकी में चढ़ा हुआ इन लोगों के कन्धों से यह पालकी ढुलवा रहा है, और अपने आपको सौवीरराज कहलवा रहा है। तू अपने आपको सिन्धु का राजा समझकर मद से अन्धा हुआ जा रहा है, और तकलीफ उठाते दीन-हीन इन जनों को क्रूरता के साथ बेगार में लगाए हुए है। फिर भी अपने आपको दीन जनों का रक्षक बताकर डींग हाँकता है, जानकार लोगों के बीच तेरी यह ढिठाई शोभनीय नहीं है।''

जड़भरत ने जो कहा, वह इस देश की धरा से जन्मी उत्तम कविता है। यह कविता जीवन और सृष्टि के मर्म को भी उन्मीलित करती है और सत्ता के समक्ष एक प्रतिसत्ता रचती है। इस कविता में ऊपर से कोई अलंकार नहीं है। अलंकार का न होना ही इस कविता के लिए अलंकार बन गया है। पर इसका यह आशय भी नहीं कि यहाँ जहाँ कोई अलंकार न हो, वहाँ-वहाँ उत्तम कविता हो ही जाती है। काव्यशास्त्री भामह कहते हैं कि कवि को तो माली की तरह शब्दों को कविता की माला में गूँथने के लिए आयास करना ही पड़ता है, वेदों के द्रष्टा ऋषि कहते हैं कि जैसे बढ़ई लकड़ी को काट-छाँटकर रथ बनाता है, या जुलाहा सूत से कपड़ा बुनता है, ऐसे ही हमने ये मन्त्र रचे हैं। फिंर भी सजावट और अलंकरण के आयास के अतिरिक्त कविता के साथ एक जड़भरत चलता है। यह जड़भरत न हुआ, तो केवल सजावट रह जाती है, कविता छिटककर दूर चली जाती है।

हर कवि को एक स्तर पर जड़भरत होना ही होता है। भट्टतोत कहते हैं–

''नानृषिः कविरित्युक्त ऋषिश्च किल दर्शनात्।''

जड़भरत ने विष्टि के लिए पकड़कर ले जाते राजपुरुषों से कोई बहस नहीं की, न कोई प्रतिरोध किया। जड़भरत मितभाषी ही रहे हैं। वैदग्ध्यभंगीभणिति न विच्छित्ति की अपेक्षा स्वभावोक्ति का उनका वचन में प्राधान्य है। वे कवित्तरस, सरस राग-रस-रंग से भी दूर रहे हैं। वे बेलाग-बेलौस बात करना चाहते हैं। अलंकार का आडम्बर और निरर्थक वचोवितान उनके स्वभाव में नहीं रहा।

ऋग्वेद के ''द्वा सुपर्णा'' के दूसरे पक्षी की तरह वे प्रपंच से अलग रहकर प्रपंच के साक्षी बने रहते हैं। इस प्रपंच से अलग होकर रहने के कारण आत्मनिर्वासित और एकाकी तथा बहिर्भूत हो जाते हैं। व्यास की तरह वे यह अनुभव कर सकते हैं–

ऊर्ध्वबाहुर्विरौम्येष नहि कश्चिच्छृणोति माम्।

यह अकेलापन और बहिर्भूत होना भी अपने आपको सिकोड़ने की बजाय

फैलाने की प्रक्रिया का अंग है। कबीर कहते हैं–"हम सबु माँ, सबु हैं हम माँ, हम हैं बहुरि अकेला।" अपनी धूनी अलग रमाकर भी सबकी धूनी में रम लेना साहस और आत्मविश्वास भी माँगता है।

प्रपंच में रहकर भी उसे अतिक्रान्त करना और उसमें सार्थक परिवर्तन के लिए हस्तक्षेप करना जड़भरत के चरित्र का एक पक्ष यह भी है। उसमें जड़ता भी है और भरण की वृत्ति भी। जडता प्रपंच की निरर्थकताओं की अपेक्षा से है और भरणवृत्ति उसमें सार्थक हस्तक्षेप और उदात्त मूल्यबोध की स्थापना की दृष्टि से।

अमरुक अपने एक पद्य में कहते हैं–

गाढालिंगनवामनीकृतकुचप्रोद्भिन्नरोमोद्‌गमा
सान्द्रस्नेहरसातिरेकविगलच्छ्रीमन्नितम्बाम्बरा।
मामा मानद मातिमामलमिति क्षामाक्षरोल्लापिनी
सुप्ता किन्नु मृता नु किं मनसि मे लीना विलीना नु किम्।
(उसके स्तन गाढ़े आलिंगन के कारण
हो गए हैं वामन
रोएँ अकुरा गए हैं उसकी देह में
गाढ़े स्नेह-रस के अतिरेक में ढुलक चुका है
उसके श्रीमय नितम्ब से वस्त्र
नहीं–अब और नहीं–मत मुझे–कुछ ऐसे टूटे अक्षर
बुदबुदाती हुई वह
सो गई है, मर गई है, समा गई है मेरे मन में, या खो गई है?)

अमरुक शृंगार के कवि हैं। उनके बारे में मेरी एक धारणा यह भी है कि वे शृंगार में केवल स्वकीया-रति का ही चित्रण करते हैं, परकीया रति की उच्छृंखलता से वे अलग रहते हैं। इस पद्य में रति का जो लगभग नग्न-सा चित्रण है, उससे अश्लील दोष की आशंका की जा सकती है। एक और दोष जो यहाँ अमरुक पर मढ़ा जा सकता है, अमंगल रूप अश्लील या अनौचित्य का भी है। शृंगार से सराबोर ऐसी उक्ति में वे नायिका के मरने की बात कह देते हैं। यह बात अलग है कि जिस आचार्य परम्परा ने कालिदास में भी इस तरह के दोष ढूँढ़ निकाले, वह अमरुक को आदर के साथ उद्धृत करती है, और इस पद्य में उसे इस तरह का कोई दोष दिखाई नहीं देता।

पूरे पद्य का विन्यास अलग ही है। गाढ आलिंगन से यहाँ कुच, जो पहले अवामन थे, अब वामनीकृत होते हैं। गाढ़े स्नेह के रस के अतिरेक के कारण नितम्ब से वस्त्र ढुलकते हैं, तो यहाँ नितम्ब श्रीमत् बन जाता है। अमरुक जिस

काल में कविता रच रहे हैं, उसमें श्री-शब्द का प्रयोग यों ही नहीं होता। हर कहीं आसानी से उसमें श्री नहीं लगाया जाता, जैसा आजकल के लेखन और भाषण में श्रीमान् लोग श्री का अक्सर प्रयोग करते हैं। माघ और भारवि दोनों अमरुक के आसपास के कवि हैं, ये अपने महाकाव्य में श्री या लक्ष्मी का प्रयोग जीवन के समग्र शुभ या प्राप्य के लिए करते हैं। इसीलिए इनके महाकाव्य श्रयंक तथा लक्ष्म्यंक कहे गए हैं। इस सारी स्थिति में नायिका के सोने, मर जाने, नायक के मन में लीन हो जाने या विलीन हो जाने की बात अमरुक करते हैं। शृंगार के प्रसंग में ऐसी बात अमरुक के अलावा और किसी ने संस्कृत कविता में नहीं की। और कोई करता भी नहीं। अमरुक ही कर सकते थे।

एक और अलग तरह की बात अमरुक के इस पद्य में लगती है। सम्भोग शृंगार का चित्र तो है, नायक जो सम्भोगरत है, उसी के मुँह से यह चित्र अंकित कराया गया है, कवि के शब्दों में नहीं। साहित्यशास्त्र में कविप्रौढ़ोक्ति और कविनिबद्धवक्तृप्रौढ़ोक्ति में अन्तर किया गया है। कवि अपने शब्दों में किसी बात को रखे, तो अलग बात होती है, अपनी कल्पना के किसी पात्र के शब्दों में बात रखे तो अलग। यहाँ कविप्रौढ़ोक्ति न होकर कविनिबद्धवक्तृप्रौढ़ोक्ति है। नायक, जो मिलन के पूरे आह्लाद और सुख में सराबोर है, वह ही बोल रहा है। अर्थात् वह अपने से अलग होकर अपने आपको नायिका से सम्भोग करता हुआ देख रहा है। व्यवहार के धरातल पर तो यह लगभग एक असम्भव स्थिति है। यह तो अपने चोले से निकलकर अपने छूट गए चोले को देखना हुआ।

अमरुक के विषय में एक कथा प्रचलित है। शंकराचार्य को मंडन मिश्र की पत्नी भारती ने यह आक्षेप करके शास्त्रार्थ में हरा दिया कि आपने जीवन के एक पुरुषार्थ–काम–को तो जाना ही नहीं है; आपको जीवन के दूसरे पुरुषार्थ मोक्ष पर शास्त्रार्थ का अधिकार ही क्या है? शंकराचार्य को भी उसकी बात लग गई। उन्होंने उससे उस समय शास्त्रार्थ में हार भी मान ली और काम पुरुषार्थ को समझने के लिए अपने शरीर से अपना जीव निकालकर अमरुक नाम के एक राजा की देह में प्रविष्ट करा दिया, जिसकी अभी-अभी मृत्यु हुई थी। अमरुक जी उठा। अमरुक की देह में रहकर शंकराचार्य ने उसके रनिवास में शृंगार और काम की लीला को जाना-पहचाना और अमरुशतक की रचना की। फिर अपना प्रयोजन पूरा होने पर वे उसकी देह को त्यागकर अपनी देह में लौट आए, जिसे शिष्यों ने सुरक्षित रखा हुआ था; और भारती को शास्त्रार्थ में पराजित किया।

अमरुशतक की रचना के बारे में इस कथा का अपना एक अभिप्राय भी है। अमरुक स्त्री के हृदय, प्रेम की पीड़ा और दाम्पत्य की उलझनों का चित्रण करने

में बेजोड़ हैं। पर यह चित्रण वे इस तरह करते हैं, जैसे नायिका के भीतर वे जा घुसे हों, उसके मन के हर तार को देख-परख रहे हों, और फिर उसके बाहर निकल आए हों और उसकी बात कह रहे हों। जीव कवि अमरुक का, देह नायक और नायिका की। आत्मा कवि की। ऋग्वेद के दूसरे सुपर्णा की तरह केवल देखती हुई।

जीव भी अमरुक का ही क्यों कहा जाए? प्रचलित कथा के अनुसार तो यह शंकराचार्य का जीव है। तो क्या अमरुक की कविता इस मायने में निराली है कि वह श्रृंगार रस की सबसे उम्दा कविता तो है ही, वह शंकराचार्य के जीव के द्वारा अमरुक के चोले में रहकर रची गई कविता भी है?

भरतमुनि अभिनय की प्रक्रिया बताते हुए कहते हैं कि अभिनेता उस जीव की तरह है, जो एक चोला छोड़कर दूसरे के चोले में घुस रहा है। वह जिस दूसरे के चोले में चला गया है, उसी की तरह दिखने लगता है। यह 'वेष और वर्ण से छादित पुरुष परभावकरण' करने लगता है। भरत मुनि के नाट्यशास्त्र की इस तकनीकी भाषा में कविता के लिए कह सकते हैं कि शब्द, पदविन्यास आदि के आवरण के भीतर कवि का पुरुष भी परभावकरण करने लगता है। परभावकरण के लिए पहले अपने आपको अपने आपसे अलगाना पड़ता है। अभिनेता अपना चोला पहले त्यागता है, तभी दूसरे के चोले में घुसता है। शंकराचार्य ने भी पहले अपना चोला त्यागा, फिर वे अमरुक की देह में प्रविष्ट हुए। पर अपना कोई चोला त्यागकर अपने ही उस चोले को हरकत करता हुआ देखे, तो क्या होगा? तब वह स्थिति बनेगी, जो अमरुक के नायक के बयान में है। यह नायक तो नायिका के प्रगाढ़ आलिंगन में और सम्भोग की पराकाष्ठा के क्षणों में नायिका को भी देख रहा है, और अपने आपको भी।

कविता में कवि का जड़भरतरूप कविता में साक्षीभाव को जन्म देता है। साक्षीभाव के बयान में निस्संगता आती है। इस निस्संगता में अवस्थित कवि भोगी और भोग्य दोनों को देखता है। इस देखने में हर वस्तु का स्वभाव सामने आ जाता है। तब कवि वस्तुओं को तदवस्थ रूप में देखता है। उससे उसके कथन में स्वभावोक्ति का साम्राज्य हो जाता है।

वाल्मीकि और व्यास के बाद साक्षी भाव के दो बड़े कवि हुए अमरुक और कालिदास। दोनों भोगी भी हैं और योगी भी। वे पात्र में प्रवेश करते हैं और उससे अलग भी हो जाते हैं। वे अपने आपसे भी अलग हो जाते हैं और अपने आपको देखते हैं। कबीर और परसाई भी यही करते हैं और यही करते हैं त्रिलोचन। अपने से अपने को अलग करके जो अपने आपको देख सकता है, वह ही दूसरे खोल

के भीतर घुसकर उसको देख सकता है।

भीख माँगते उसी त्रिलोचन को देखा कल
जिसको समझे था यह तो है फौलादी।
ठेस सी लगी मुझे, क्योंकि यह मन था आदी
नहीं झेल जाता श्रद्धा की चोट अचंचल।
नहीं सँभाल सका अपने को। जाकर पूछा—
"भिक्षा से क्या मिलता है?" "जीवन" "क्या इसको
अच्छा आप समझते हैं?" "दुनिया में जिसको
अच्छा नहीं समझते हैं, करते हैं, छूछा
पेट काम तो नहीं करेगा।" "आप ही कहें क्या करूँ
खाली पेट भरूँ, कुछ काम करूँ कि चुप मरूँ,
क्या अच्छा है।" "जीवन जीवन है प्रताप से,
स्वाभिमान ज्योतिष्क लोचनों में उतरा था
वह मनुष्य था, इतने पर भी नहीं मरा था।

यहाँ भीख माँगते त्रिलोचन से जो पूछ रहा है वह भी उसी त्रिलोचन के चोले से निकल आया हुआ एक जीव है। केदारनाथ सिंह त्रिलोचन के सन्दर्भ में आत्मपरकता और आत्मग्रस्तता में फर्क करने पर जोर देते हैं। यह आत्मग्रस्त कविता नहीं ही है, यह सत्य है। क्या यह उस अर्थ में आत्मपरक कविता है, जिस अर्थ में उत्तमपुरुष एकवचन में लिखी व्यक्तिवादी कविताएँ होती हैं? यहाँ आत्मदया और आत्मग्लानि की बजाय 'ज्योतिष्क लोचनों में स्वाभिमान' भरे होने पर बात समाप्त होती है।

वही त्रिलोचन है, वह जिसके तन पर गन्दे
कपड़े हैं। कपड़े भी कैसे मैले-फटे लटे हैं।
कौन कह सकेगा इसका यह जीवन चन्दे
पर अवलम्बित है। चलना तो देखो इसका—
उठा हुआ सिर, चौड़ी छाती, लम्बी बाँहें,
सधे कदम, तेजी, वे टेढ़ी-मेढ़ी राहें
मानो डर से सिकुड़ रही हैं, किसका
किसका ध्यान इस समय खींच रहा है—कौन
बताए—क्या हलचल है इसके रुँधे रुँधाए जी में
कभी नहीं देखा है इसको चलते धीमे
धुन का पक्का है, जो चेते वही चिताए।

जीवन इसका जो कुछ है पथ पर बिखरा है
तप-तप कर ही मिट्टी में सोना निखरा है।

यहाँ अन्यपुरुष के प्रयोग के द्वारा अपनी स्वयं की एक प्रतिमा रची भी गई है। ऊपर कहा गया कवि साक्षीभाव के कारण स्वभाव का उन्मीलन करता है। उससे उसकी कविता में स्वभावोक्ति का साम्राज्य हो जाता है। स्वभावोक्ति वस्तुओं के तदवस्थत्व–जो जैसा है, उसको उसी रूप में–उघाड़ती है। यदि यहाँ इस उघाड़ने के क्रम में अपने आपको रचा भी गया है, तो रचाव के साथ कवि की प्रतिमा परिवर्तित भी होती गई है। फिर यह वस्तु के तदवस्थ स्वरूप का उन्मीलन कैसे कहा जा सकता है?

कबीर, सूर, तुलसी, मीरा जैसे सन्त कवि अपने काव्य में अपने स्वयं के लिए अन्यपुरुष का प्रयोग इसी भावधारा में खड़े रहकर कर सकते हैं। यह भावभूमि ग़ज़ल की भावभूमि से भिन्न है जहाँ में ग़ज़लकार आखिरी पंक्ति में अपना तखल्लुस बोलता है। संस्कृत के एक कवि हैं–जगन्नाथ पाठक। जगन्नाथ पाठक अपने मुक्तकों में अपने लिए अन्यपुरुष का प्रयोग करते हैं। उनका कविस्वभाव त्रिलोचन से थोड़ा मेल खाता है। इन दोनों कवियों में अपने आपको तृतीयपुरुष में बताने की अभिव्यक्ति में एक का दूसरे पर प्रभाव हो ऐसी बात भी नहीं। फिर भी दोनों की उक्तियाँ कुछ मेल खाती हैं, तो यह परभावकरण या अपने आपको अपने से अलग करके देखने की प्रक्रिया की समानता के कारण हो सकता है।

दृष्टः स जगन्नाथो मध्ये प्रवाहपतितानाम्।
स्यात् स्वयमेव गतोऽपि स्यादथवा केनचिन्नीतः॥

(इस जनप्रवाह में जगन्नाथ को भी देखा गया। पता नहीं वह स्वयं गया था, या किसी के द्वारा ले जाया गया।)

न जगन्नाथस्यास्य स्थानमविदुषः कुतश्चिदिह गोष्ठ्याम्।
तेन घुणाक्षररीत्या लब्धमपि स्यादितः स्थानम्॥

(इस अपंडित जगन्नाथ का कहीं से भी इस गोष्ठी में स्थान कहाँ हो सकता था? लगता है इसने तो घुणाक्षररीति (अन्धे के हाथ बटेर लगने की रीति) से यहाँ स्थान हथिया लिया।)

कवि जगन्नाथ की यह निरीहता क्या आत्मदया है? यह आत्मदया नहीं है। यह तो अहं की वह पराकाष्ठा है जहाँ पहुँचकर भर्तृहरि के शब्दों में ईश्वर या परमवैभवशाली व्यक्ति भी कवि के लिए तिनके के बराबर तिरस्करणीय हो जाता है–"निरीहाणामीशस्तृणमिव तिरस्कारविषयः"।

अमरुक की कविता में जो नायक भोग रहा है, वही देख भी रहा है। अर्थात्

ऋग्वेद के दोनों पक्षी वही है। अपने आपको अपने से अलग करने पर हमीं एक देखनेवाला पक्षी बन जाते हैं, एक भोगनेवाला। यह भी हो सकता है कि देखनेवाला आत्मा भोगनेवाले जीव को प्रभावित करे। इससे भी आगे जाकर उसे रचे, जन्म दे, और फिर अपने भीतर समेट ले।

कभी त्रिलोचन के हाथों में पैसा-धेला
टिका नहीं। कैसे वह चाय और पानी का
करता बन्दोबस्त। रहा ठूँठ-सा अकेला
मित्र बनाए नहीं। भला इस नादानी का
कुफल भोगता कौन? यहाँ तो जिसने जिसका
खाया, उसने उसका गाया। जड़ मृदंग भी
मुखलेपों से मधुर ध्वनि करता है।

नाटक के प्रयोग में अभिनेता अपने चोले से निकलकर किसी और की भूमिका में घुसता है। इस भूमिका को वह देखता-परखता है। साथ ही उसे नए सिरे से सिरजता भी है। कवि भी अपने चोले से बाहर निकलता है, तो वह अपने आपको नए सिरे से रचता है, और जिन लोगों की देह में वह प्रवेश करता है, उनको भी। यह भी सम्भव है कि जिन लोगों की देह में वह प्रवेश करता है, वे उसके साथ तब भी बने रहे, जब वह उनकी देह को त्यागकर फिर अपनी देह में आ जाए। त्रिलोचन एक कविता में अपने बचपन के रूप को देखते हैं–

भौजी नयी नयी थीं, मैं छोटा था
झेंपू था। मिलने-जुलने में सिकुड़ा-सिकुड़ा
रहता था समान वय वालों से मोटा था
पर फुर्ती थी। पीछा करने पर उड़ा-उड़ा
यहाँ-वहाँ फिरता था। कभी पकड़ में आता
नहीं। खड़ा था, और अचानक मुझे आ लिया,
हाथ-पाँव फेंके पर छूट कहाँ पाता
लगीं गुदगुदाने मन का संकोच धो दिया।

× × ×

भौजी आज नहीं हैं, जाता हूँ, आता हूँ
पीछा करते कहाँ किसी को अब पाता हूँ

अन्तिम दो पंक्तियों को छोड़ दें, तो पूरे पद्य में स्वभावोक्ति का लक्षण सही उतरता है। अन्तिम दो पंक्तियों में जो बचता है, वह जड़भरत है, एकाकी छूटा हुआ।

अपने आपका अन्य पुरुष में निर्वचन करना विनय का लक्षण भी हो सकता है और अहंकार का भी। त्रिलोचन विनयी भी नहीं, अहंकारी भी नहीं। सिंहभूपाल ने रसार्णवसुधार के तृतीय विलास में चार प्रकार के कवियों की चर्चा की है–उदात्त, उद्धत, प्रौढ़ और विनीत। कालिदास को उन्होंने उदात्त कवि माना, भवभूति को उद्धत। उदात्त कवि के बारे में कहा कि वह "अन्तर्गूढ़ाभिमानोक्ति" वाला हुआ करता है। इस लक्षण से त्रिलोचन भी उदात्त कवि की श्रेणी में परिगणनीय ठहरते हैं।

दीपक दीप्ति तथा विमर्श

साहित्यशास्त्र में दीपक एक अलंकार है, जिसका निरूपण भरतमुनि के समय से ही होता आया है। दीपक का सामान्य लक्षण यह किया जा सकता है कि यहाँ शब्द एक दूसरे को दीप्त करते हैं, वहाँ कविता में दीपक अलंकार होता है। मम्मट आदि आचार्यों ने दीपक का लक्षण करते हुए कहा है कि जहाँ एक क्रिया कई कारकों को या एक कारक कई क्रियाओं को प्रकाशित करे, वहाँ दीपक अलंकार होता है।

हम कह सकते हैं कि क्रिया और कारकों के इस दीप्यदीपकभावसम्बन्ध से भाषा और अभिव्यक्ति में एक विशिष्ट दीप्ति या चमक आ जाती है। यह दीपक अलंकार की पहचान मानी जा सकती है।

संगीतशास्त्र में दीपक एक राग है। दीपक राग गाने से दीये जल उठते हैं–यह किंवदन्ती है। दीपक राग का भी सामान्य लक्षण करते हुए कहा जा सकता है कि जहाँ स्वर दीप्ति करते हों, वहाँ दीपक राग होता है। भट्ट माधव के अनुसार दीपक वीर और अद्भुत रसों में गेय है। जगदेकमल्ल के अनुसार इसे शान्त रस के प्रसंग में गाया जा सकता है। दीपक में तीव्र मध्यम के प्रयोग से स्वर दीप्ति करते हैं। स्वर किसकी दीप्ति करेंगे? दीपक अलंकार के शब्दों की तरह वे एक दूसरे को भी दीप्त कर सकते हैं। इस तरह दीपक राग के सुरों में परस्पर दीप्यदीपकभाव हो जाता है। साथ ही संगीत का कोई रसज्ञ इन सुरों को सुन रहा है, तो वे उसके चित्त में भी दीप्ति उत्पन्न करते हैं।

पलटकर यह बात दीपक अलंकार के विषय में भी कही जा सकती है। कविता में जब शब्द एक दूसरे को दीप्त कर रहे हों, तो कविता श्रोता या भावक को भी दीप्त करेगी। इस तरह दीपक अलंकार और दीपक राग दोनों भावक के चित्त को विशेष रूप से प्रभावित करते हैं।

रसास्वाद की दशा में भावक की चित्तवृत्तियाँ तीन प्रकार की बताई गई हैं–द्रुति, दीप्ति और विकास। द्रुति चित्त का विगलन या पिघलना है, दीप्ति उसकी प्रकाशमयता या स्फूर्ति और विकास उसका विस्तार है। इन चित्तवृत्तियों का

सम्बन्ध अलग-अलग रसों से जोड़ा गया है, पर पंडितराज जगन्नाथ की स्थापना को आगे बढ़ाते हुए उन्हें काव्यभाषा से भी सम्बद्ध किया जा सकता है। करुणभावाभिव्यंजक कोमलकान्तपदावली से द्रुति होती है। विमर्शमय, वक्रोक्तिमय या प्रौढ़भंगीभणितिमय पदावली से दीप्ति तथा सामाजिक विषयवस्तु को व्यक्त करनेवाली वस्तुपरक पदावली से विकास या विस्तार की स्थिति बनती है।

ऐसा नहीं कि द्रुति करनेवाली कविता दीप्ति न करती हो, या दीप्तिकर काव्य विकास को उत्पन्न न करता हो, पर किसी रचना में भावप्रवणता के द्वारा चित्त का विगलन अधिक हो सकता है, किसी में विमर्शपूर्वक शब्दभंगी मुख्य हो सकती है, तो किसी में वस्तु की व्यापकता प्रधान हो सकती है।

यह जो नहीं दिखता धुँधलके में
यह जो कुहरे में ओझल हो जाता है
यह जो दूर खिड़की से झाँकता है
यह जो भीड़ में देखते-देखते गायब हो जाता है
यह जो दूर किसी कन्दरा में अपने को सदियों से
घुटनों में छिपाए बैठा है,
यह जो बचपन की किसी घटना के बाद फिर कभी नहीं दिखा
यह जो विषाद की आभा में कभी-कभार झलकता है,
यह किसका चेहरा है किसकी छवि है—
समय उन्हें उकेरकर क्यों भूल जाता है?

(बहुरि अकेला, पृ. 11)

यहाँ धुँधलके में न दिखना, कुहरे में ओझल होना, खिड़की से झाँकना, भीड़ से गायब होना, कन्दरा में छुपना, न दिखना, झलकना—इन क्रियाओं के लिए एक सर्वनाम (यह) प्रयुक्त है। इन सब क्रियाओं का कर्ता यदि एक है, तो कारक से अनेक क्रियाएँ प्रकाशित होने का कारण यहाँ दीपक अलंकार है। इस एक कारक के लिए बार-बार एक ही सर्वनाम का प्रयोग होने से पुनरुक्त या अनवीकृतत्त्व दोष की आशंका भी होती है। पर क्रियाओं और सर्वनाम का परस्पर दीप्यदीपकभाव इस दोष का निवारण कर देता है।

दीपक अलंकार में सदैव अज्ञातज्ञापकत्व रहता है। जब कवि एक कारक से अनेक क्रियाएँ या अनेक कारकों से एक क्रिया को सम्बद्ध करता है, तो वह हमें बताता है कि इन क्रियाओं का निष्पादक कौन है, वह बताता है कि इतने सब मिलकर जो कुछ एक काम कर रहे हैं—वह क्या है, या यह एक जिन कई-कई कामों को कर रहा है, वे क्या हैं। एक अर्थ में दीपक अलंकार का प्रयोग

कौन-कौन और क्या-क्या—के उत्तर में होता है। इस प्रकार प्रश्नोत्तरगर्भता के कारण इस अलंकार के प्रयोग से अन्वेषण या विमर्श से जनित प्ररोह कविता में आ जाता है।

अशोक वाजपेयी की कविता में यह विमर्शजन्य प्ररोह प्रायः पिरोया हुआ है। वह उनकी कविता को दीप्ति देता है। वाजपेयी मूलतः दीप्ति के कवि हैं, द्रुति और विकास अपेक्षाकृत उनकी कविता में अल्प है। दीप्ति के लिए अन्य अलंकारों का प्रयोग भी उन्होंने किया है, पर दीपक का प्रयोग बार-बार किया है। यह अलंकार कदाचित् उनके कवि स्वभाव के निकट बैठता है। अतः दीपक अलंकार का वे सन्धान करते हैं। एक सन्धान में वे अक्सर चीजों की फेहरिस्त बनाते हैं, और फिर उन्हें किसी एक क्रिया से जोड़ देते हैं। उनकी एक कविता में ''अर्धचन्द्र नारंगी फूल को चुगती नीली चिड़िया'' से लेकर 'स्कूली बस्ती में चुपके से चुराकर लाई गई जासूसी कहानियों की किताब' तक बारह चीजें गिनाई गई हैं। फिर कहा गया है—

यादों का इतना सारा बोझ लेकर हम कहाँ जाएँगे?

दीपकमूलतः औपम्यमूलक अलंकार है। जो चीजें इस कविता में गिनाई गई हैं, वैसे उनमें कोई समानता नहीं। पर वे कवि की स्मृतियों के अन्त तक अंकित रहेंगी—यह एक समानता उनमें है।

दीपक में जिन कारकों से एक क्रियापद को अन्वित किया गया हो, उनका कोई साधारण धर्म होना चाहिए। संस्कृत का एक प्रचलित सुभाषित है—

शशी दिवसधूसरो गलियौवना कामिनी
सरो विगतवारिजं मुखमनक्षरं स्वाकृतेः।
प्रभुर्धनपरायणः सततदुर्गतः सज्जनो
नृपाङ्गणगतः खलः मनसि सप्तशल्यानि मे॥
(सात चीजें चुभती हैं मेरे मन में
धूसर हो गया दिवस का चाँद
कामिनी—गल गए यौवनवाली
बचे नहीं हों कमल जिसमें वह सरोवर
वह चेहरा जो हो सुन्दर
पर मुँह से निकल पाए एक न अक्षर
वह स्वामी जो धन का लोलुप हो
वह सज्जन जो झेल रहा हो दुर्गति
वह दुर्जन जो पहुँच गया हो

राजा के आँगन तक
ये सात चीजें मेरे मन में चुभती हैं।)

सुभाषित संग्रहों में यह श्लोक भर्तृहरि के नाम से उद्धृत है। शाङ्‍र्गधरपद्धति में इसका कवि भर्तृहरि ही बताया गया है, पर वल्लभदेव की सुभाषितावली में भट्टवृद्धिकृत बताया गया है। श्रीधर ने सदुक्तिकर्णामृत में इसका कवि शिल्हण बताया है। अस्तु, श्लोक हजार वर्ष पहले का है, जबकि अशोक वाजपेयी की कविता की संवेदना आज की है। पर वाजपेयी की कविता में भी जो चीजें गिनाई गई हैं, उनमें आपस में कोई रिश्ता नहीं है और इस श्लोक में भी जो चीजें गिनाई गई हैं, उनमें कोई रिश्ता नहीं है।

जो चीज अँधेरे में थीं, उन्हें सुभाषितकार और अशोक वाजपेयी दोनों ने एक साथ प्रकाशित कर दिया है। इसलिए ये दोनों दीपक (अलंकार) के कवि हैं, जो खास ढंग से चीजों को आलोकित कर कविता में और भावक के चित्त में दीप्ति उत्पन्न करते हैं।

दीपक अलंकार जैसे वाजपेयी की उद्धृत कविता में है, वैसे ही इस सुभाषित में भी है। पर दोनों में अन्तर भी काफी है। एक मोटा अन्तर तो यही है कि सुभाषितकार सात वस्तुएँ गिनाने के बाद कहता है—मनसि सप्त शल्यानि मे—कुल सात चीजें हैं, जो मेरे मन की फाँस बन गई हैं। यहाँ चीजों की परिगणना सुनिश्चित है। वाजपेयी की कविता में बारह की संख्या का या स्मरणीय वस्तुओं को बारह में सीमित रखने का ऐसा कोई आग्रह व्यक्त नहीं हुआ है। कविता पढ़ते हुए लगता है जैसे जो चीजें ज्यादा याद में रहीं, वे उपलक्षण से गिना दी गई हैं—अर्थात् इस तरह की और भी चीजें हो सकती हैं। पाठक समझ सकता है कि ये चीजें यादों पर भारी बनी हुई हैं, और इनमें अपनी बुद्धि से भी वह ऐसी चीजें जोड़ सकता है। यादों का इतना सारा बोझ बनना इन चीजों में साधारण धर्म है। संस्कृत के सुभाषित में परिगणित सात वस्तुओं का साधारण धर्म है—मन में उनका चुभना। इस चुभने के पीछे कारण भी समझा जा सकता है—वे चीजें अपनी आभा खो चुकी हैं। कवि उन चीजों से नाराज नहीं है उनकी अधःपतन से खिन्न है। 'बहुरि अकेला' का कवि बारह चीजों के यादों पर बोझ बनने से खिन्न तो नहीं ही है, वह तो इन चीजों के प्रति अपनी संसक्ति का ही प्रख्यापन कर रहा है।

कहाँ है वह भरोसेमन्द ताक जहाँ इन्हें रखकर
इत्मीनान से आगे चले जाओगे?

संस्कृत के सुभाषित में इन सात चीजों के मन में चुभने के पीछे जो कारण है, उसे परिभाषित किया जा सकता है। वाजपेयी की कविता में यादों पर बोझ

बनने के कारणों को परिभाषित नहीं किया जा सकता। कारण उन चीजों में न होकर कवि के अपने व्यक्तित्व में है। वाजपेयी का कवि अपनी ऐहलौकिक संसक्ति का विमर्श करता है। इस विमर्श में वह कई चीजों को परस्पर अन्वित करके देखता है। इस अन्विति में दीपक अलंकार की विच्छित्तियाँ इनकी कविता में बनती हैं। दीपक अलंकार का भी एक ही प्रकार वाजपेयी की कविता में अधिकतर आया है–जहाँ कई कारक एक क्रिया से अन्वित होते हैं। उनकी कविता अनेकत्र कारकबहुलता से आच्छादित है। वह उन वस्तुओं की सूचियाँ प्रस्तुत करती है, जो बची रहेंगी अथवा बच नहीं पाएँगी (कहीं नहीं वहीं, पृ. 16); या जो साथ नहीं आएँगी और पीछे रह जाएँगी (वही, पृ. 17); या जिन्हें हम साथ ले जाएँगे (वही, पृ. 20); या जिन्हें हम यहीं छोड़ जाएँगे (वही, पृ. 21)। इन चीजों में साधारण धर्म उनकी ऐहलौकिकता और उनका कवि को या कवि अपने जिन साथियों को 'हम' कह रहा है, उनको, अपनी ओर खींचना है।

जब हम नहीं रहते हैं, तब क्या यह खिंचाव की डोर टूट जाती है? वाजपेयी विमर्श की दीप्ति में जिस तरह चीजों को परस्पर अन्वित करते हैं, उसी तरह बन्धन, मुक्ति और अन्त के प्रत्ययों को भी उनकी कविता अन्विति में प्रस्तुत करती है।

अन्त के बाद
हम चुपचाप नहीं बैठेंगे
फिर झगड़ेंगे
फिर खोजेंगे
फिर सीमा लाँघेंगे
क्षिति, जल पावक,
गगन समीर से
फिर कहेंगे
चलो हमको रूप दो
आकार दो।

अन्त के बाद अन्त नहीं होगा, अन्त के बाद हम समाप्त नहीं होंगे, हम यहीं जीवन के आसपास मँडराएँगे–यह विश्वास दीपक अलंकार का प्रयोग करते हुए इस कविता में प्रकट किया गया है।

इसके बाद आगे की कविता है–

अन्त के बाद कुछ नहीं होगा
न वापसी न रूपान्तर

न कोई आरम्भ
अन्त के बाद
सिर्फ अन्त होगा।

"अन्त के बाद-1" तथा "अन्त के बाद-2"–ये दोनों परस्पर विरुद्ध कविताएँ लगती हैं। इस विरोध के पीछे कोई विमर्श या अन्विति है अथवा यह अविचारित रमणीय कथनभंगी का परिणाममात्र है?

या तो यह माना जाए कि इन दोनों कविताओं में दो विरोधी मनःस्थितियों का उच्छ्वासभर है या फिर यह माना जाए कि वाजपेयी जिसे अन्त कह रहे हैं, वह नागार्जुन का 'शून्य' है। उसी में सब समाया हुआ है और सभी में वह है। 'माध्यमिककारिका' में नागार्जुन कहते हैं–

न सन्नासन्न सदसन्न न चाप्युभयात्मकम्।
चतुष्टकोटिविनिर्मनुक्तं तत्त्वं माध्यमिका विदुः॥

वह तत्त्व न सत् है, न असत्, न सदसत्, न दोनों ही, न उभयात्मक ही। यह परमतत्त्व या शून्य चारों कोटियों से विनिर्मुक्त है। इसी शून्य में अनन्त सम्भावनाओं का संसार समाया हुआ है। यह संसार अपरिभाषेय है। उपनिषद् 'नेति नेति' की भाषा में इसका रहस्य खोलते हैं। वाजपेयी की कविता में अनन्त के जिक्र के साथ अज्ञात और अपरिभाषेय विश्व का सन्दर्भ बार-बार आता है। इस विश्व में उनकी सदाशयतामयी कामनाएँ समाई हुई हैं। उसमें तमाम विकल्प भी खुले हुए हैं। सम्भावनाएँ और कयास हैं।

वहाँ मृत्यु के चिकने चुपड़े भवन में
क्या वह एक नीरव स्त्री गाती होगी काया की अमरता का ज्ञान
या वहाँ भी चुप बैठी होगी
गरम दूध से भरा गिलास लिये?

(एक पतंग अनन्त में, पृ. 16)

यह मात्र भावोच्छ्वासजन्य अनुमान नहीं है। यह विमर्श और तार्किकता की कविता की भाषा में परिणति है, जो दी हुई दुनिया के भीतर की सारी क्षरणशीलता और नश्वरता के बीच 'अपने निरन्तर होने/अमर होने/के अन्तहीन खेल' को खोलती है।

कहीं कारक का एक साथ कई काम करना, एक वस्तु का एक ही दिक्काल में अनेक होना यदि भासित होता है, तो यह भी किसी अलग दीपक के आलोक में ही भासित होगा। और इसको भी दीपक अलंकारों का ही एक रूप माना जाना चाहिए। दीपक अलंकार इस तरह सम्भावनाओं और विकल्पों का अलंकार है।

वेदान्त दर्शन अपने विश्वबोध की 'अनिर्वचनीयता ख्याति' के द्वारा परिभाषित करता है। वह है, पर उसे दी हुई भाषा में न सत् कहा जा सकता है, न असत्। वह है पर उसे पूरी तरह जाना नहीं जा सकता।

मैंने पहली बार नाम सुना ईब का
मैंने नहीं देखा ईब को
फिर भी पाया
ईब के किनारे वह ईब थी
बिना ईब के जाने।

वेदान्त जिसे अनन्त कहता है, वह इस जगत् के बाहर और परे नहीं है, इसी में पिरोया हुआ है। हम उसे नहीं जानते हैं, इसलिए शब्दों से उसे बयान नहीं कर सकते। जब हम उसे जान लेते हैं, तब भी हम शब्दों से उसे बयान नहीं कर सकते क्योंकि तब हम उससे अलग नहीं रह जाते।

समीक्षा के क्षेत्र में आलोचक अशोक वाजपेयी साहित्य के स्वराज्य की बात करते आए हैं। उनके अपने पक्ष के अनुसार उनकी कविता किसी विचारधारा विशेष या विशिष्ट दार्शनिक प्रस्थान की अनुगामिनी नहीं कही जा सकती। पर उनकी कविता में नागार्जुन के शून्यवाद की और वेदान्त के मायावाद या अनिर्वचनीयतावाद की दूर से आती पदध्वनियाँ सुनाई पड़ती हैं, जैसे कुमार गन्धर्व के संसर्ग से उसमें निर्गुनिया सन्तों की अभिव्यक्तियों की पास की आहटें।

दूर से आती पदध्वनियों और पास की आहटों की अनुगूँज इस कविता में व्याप्त हैं, पर इन पदध्वनियों और आहटों के सारे लय को समेटकर कोई महाराग यहाँ नहीं बनता। इन सबको जज़्ब करके एक मुकम्मल दर्शन भी यहाँ खड़ा नहीं हो पाता। फिर भी साहित्य के स्वराज्य की सम्भावना यहाँ बनी हुई है, क्योंकि कवि का विमर्श और तज्जन्य दीप्ति कायम है।

आरम्भ में कहा गया है कि अशोक वाजपेयी की कविता में दीपक अलंकार का एक ही प्रकार–एक क्रिया अनेक कारकों को जिसमें दीप्त करे–ही अधिक आता है। एक कारक के अनेक क्रियाओंवाले दीपक का भी प्रयोग उन्होंने कहीं-कहीं किया है; जैसे इस कविता में–

जो रौब के सामने नहीं गिड़गिड़ाता
अपने बच्चे के नम्बर बढ़वाने नहीं जाता मास्टर के घर
जो रास्ते पर पड़े घायल को सब काम छोड़कर
सबसे पहले अस्पताल पहुँचाने का जतन करता है,
जो अपने सामने हुई वारदात की गवाही देने से नहीं हिचकिचाता

वही थोड़ा-सा आदमी
जो धोखा खाता है, पर प्रेम करने से नहीं चूकता
जो अपनी बेटी के अच्छे फ्राक के लिए
दूसरे बच्चों को थिगड़े पहनने पर मज़बूर नहीं करता

वही थोड़ा-सा आदमी
जो बूढ़ों के पास बैठने से नहीं ऊबता
जो अपने घर को चीजों का गोदाम बनने से बचाता है
वही थोड़ा-सा आदमी
अगर बच सका
तो वही बचेगा।

'थोड़े से आदमी' के लिए यहाँ सकारात्मक तथा नकारात्मक कई क्रियाएँ आई हैं। वाजपेयी की अन्य कविताओं की तरह यह पूरी-की-पूरी कविता भी दीपक अलंकार का ही उदाहरण है। ये कई क्रियाएँ 'थोड़े-से आदमी' में कवि के विश्वास को व्यक्त करती हैं; वह आदमी बचा रहेगा या नहीं—इस सवाल के जवाब को अनिर्वचनीयवाद या स्याद्वाद के सुपुर्द कर दिया गया है। बची रह गई है उन अनेक क्रियाओं की दीप्ति, जिससे यह आदमी उद्‌भासित है।

जिस कवि का मानस कई कारकों और कई क्रियाओं की बात सोचता हो, बहुलता और विकल्पों में चीजों को जानना-समझना चाहता हो, उसके काव्य में कारकदीपक या क्रियादीपक आए यह स्वाभाविक है। कई कारकों को एक क्रिया से अन्वित करनेवाले कवि की दृष्टि चीजों और उनकी परस्पर अन्विति पर रहती है। कई क्रियाओं को एक कारक से अन्वित करनेवाले कवि की दृष्टि संसार की गत्यात्मकता और उसमें अन्तर्निहित अन्विति पर हो सकती है।

आनन्दवर्धन ने ध्वन्यालोक (3 । 40 की वृत्ति) में गुणीभूतव्यंग्य के उदाहरण में यह पद्य दिया है—

राजानमपि सेवन्ते विषमप्युपभुञ्जते।
रमन्ते च सह स्त्रीभिः कुशलाः खलु मानवाः ॥

राजा की सेवा भी कर लेते हैं
पी लेते हैं विष भी
रम लेते हैं संग स्त्रियों के
बड़े कुशल होते हैं मनुष्य।

यहाँ मनुष्य का बहुकर्तृत्व भी विवक्षित है और राजसेवा, विषपान तथा स्त्रीरमण की समानता भी।

दीपक से मिलते-जुलते दो अलंकार हैं—माला रूपक और परिकर। एक उपमेय के लिए कई उपमानों का आरोप करने पर माला रूपक होता है। इसके द्वारा भी एक कारक का बहुकर्तृत्व कभी-कभी कवि प्रकट करता है। इस प्रकार साभिप्रायविशेषणों के प्रयोग से परिकर होता है। इन विशेषणों के द्वारा भी एक अनेक से जुड़ता है और रचना में दीप्ति का आधान होता है। भर्तृहरि का यह पद्य माला रूपक का उदाहरण है।

अभिमतमहामानग्रन्थिप्रभेदपटीयसी
गुरुतरगुणग्रामाम्भोजस्फुटोज्ज्वलचन्द्रिका।
विपुलविलसल्लज्जावल्लीविदारकुठारिका
जठरपिटरी दुष्पूरेयं करोति विडम्बनाम्।

पेट की यह दुष्पूर खाई
क्या-क्या विडम्बना कर रही है।
यह मन की अभिमत गाँठ को खोल देने में चतुर है
यह अच्छे-से-अच्छे गुणों के कमलों पर गिरनेवाली चाँदनी है,
लाज की विशाल विलसती बेल को
काट देनेवाली कुल्हाड़ी है यह।

दीपक अलंकार से माला रूपक के विन्यास में अन्तर यही आता है कि माला रूपक में कवि की दृष्टि चीजों के ऊपर ही अटकी रहती है, विमर्श के द्वारा अन्तर्निहित तत्त्व या अन्विति का उद्घाटन करने में उस तरह प्रवृत्त नहीं होती, जिस तरह दीपक में।

दीपक अलंकार भी वस्तुओं या कार्यों की सूची भर बना देने और उन्हें एक क्रिया या कारक से जोड़ देने से नहीं सध सकता है। रचना में दीप्ति आने पर ही वह सम्भव है। हर अलंकार की तरह दीपक की एक बाहरी खोल है और उसका एक मर्म है। बाहरी खोल और मर्म दोनों को उसके विन्यास की पूर्णता के लिए अपेक्षा होती है। दीपक का मर्म अन्ततः अन्विति के सन्धान में है। यह अन्विति किसी रूढ़ धारणा को तोड़कर पैदा की जा सकती है या विविध जीवनानुभवों को एक सूत्र में पिरोकर। इस तरह की एक सूत्रता इस पद्य मे है—

क्षुत्क्षामस्तनयो वधूः परगृहप्रेष्ययावसन्नः सुहृत्
दुग्धा गौरशनाद्यभावविवशा हम्बारवोद्गारिणी।

निष्पथ्यो पितरावदूरमरणौ स्वामीद्विषन्निर्जितो
दृष्टा येन परं न तस्य निरये प्राप्तव्यमस्त्यप्रियम्।

बेटा कुम्हलाया हुआ भूख से
बहू चाकरी करती दूजे के घर
मित्र अवसादग्रस्त
दुह ली गई गाय बिना चारे पानी के
विवश हंबा-हंबा पुकारती,
वे माता-पिता जिनके निकट चली आ रही है मृत्यु
और जुट नहीं पाता है जिनका पथ्य,
साथ में इनके
अपना स्वामी जीत लिया गया शत्रु से–
इन सबको जिसने देख लिया यहीं पर
वह फिर नरक में इससे बढ़कर अप्रिय
और भोग क्या हो सकता है?

दीपक का काम दिखाना है। वह तभी दिखा सकता है, जब उसके पास प्रकाश हो। कवि के भीतर यदि विमर्श है, तो उसका प्रकाश रचना में दीपक बनता है। विमर्श प्रायः अन्तर्निहित व गूढ़ ही रहता है, उसका प्रकाश कविता में उद्‌भासित होता है। यही दीपक अलंकार का स्वारस्य है।

अवज्ञा, तिरस्कार और अस्वीकार की कविता

बारहवीं शताब्दी से सोलहवीं शताब्दी तक का काल भारतीय मेधा और चिन्तन की परम परिपक्वता का काल है। व्याख्याओं और टीकाओं का सातत्य ही नहीं, उनके माध्यम से नवीन के सन्धान का उपक्रम भी इस काल में जैसा बना रहा, वह आज भी अप्रतिम ही है। बारहवीं शताब्दी में न्याय दर्शन में एक अलग प्रस्थान उठ खड़ा हुआ–नव्यन्याय। नव्यन्याय ने दर्शन की एक ऐसी भाषा ईजाद की, जिसने सारे शास्त्रों में तत्त्वान्वेषण की शैली को रूपान्तरित कर दिया। उसके साथ ही नव्यव्याकरण और नव्यवेदान्त के प्रस्थान भी बन गए। पाणिनी को पढ़ने की पद्धति आमूल-चूल परिवर्तित हो गई।

शास्त्रों के पुनर्व्यवस्थापन का यह क्रम एक परिणति पर पहुँच चुका था, जब सोलहवीं शती के उत्तरार्द्ध में काव्यशास्त्र के धुरंधर आचार्य और सुकवि पंडितराज जगन्नाथ का अवतरण हुआ। पंडितराज जगन्नाथ पंडितों के घराने में उत्पन्न हुए। उन्हें बचपन से ही वादविवाद और तर्कवितर्क का वातावरण मिला, पंडितों का भरपूर साहचर्य भी उन्होंने पाया। उनके कुछ ही पहले या उनके समय के आसपास पूर्व खंडदेव मिश्र, जगदीश तर्कालंकार, गदाधर भट्टाचार्य, भट्टोजी दीक्षित, नीलकंठ दीक्षित, राजचूडामणि दीक्षित, वेंकटाध्वरी जैसे दिग्गज पंडित विचारक और ज्ञानी जन हुए। मधुसूदन सरस्वती ने पूरी वैष्णव परम्परा को नई गति दी, हिन्दी में भक्ति सम्प्रदाय को दार्शनिक आधार उन्होंने अपने चिन्तन और व्याख्यान के द्वारा प्रदान किया। तुलसीदास जैसे सन्त कवि पंडितराज के कुछ पहले हो चुके थे, बिहारी जैसे रीतिकालीन कवियों का समय आ चुका था।

पंडितराज जगन्नाथ आन्ध्रप्रदेश के वेगिनाडु या वेगिनाड के तैलंग ब्राह्मण थे। उनके पिता पेरुभट्ट या पेरम भट्ट थे। अपने ग्रन्थ 'रसगंगाधर' के आरम्भ में पंडितराज जगन्नाथ ने अपने गुरुओं की नामावली दी है, उसमें सर्वोपरि वे अपने पिता को ही बताते हैं। इन्हीं गुरुओं में शेष वीरेश्वर का नाम भी है, जिन्हें संस्कृत व्याकरण शास्त्र के इतिहास में अमिट योगदान के लिए आज भी स्मरण किया जाता है।

बाणभट्ट और बिल्हण जैसे घुमक्कड़ कवियों और आचार्यों की तरह घुमन्तूपन पंडितराज जगन्नाथ के स्वभाव में भी था। अध्ययन के लिए वे काशी आए होंगे, फिर शास्त्रार्थ और राजसभाओं में स्थान पाने के लिए दक्षिण छोड़कर उत्तर में ही रमते रहे। वैसे भी राजा वेंकट के अवसान (1614 ई.) के साथ आन्ध्र प्रदेश में विजय नगर का महान् साम्राज्य टूट रहा था। पंडितराज जगन्नाथ ने अपना घर छोड़ा, काशी में अध्ययन समाप्त किया, फिर सबसे पहले वे जयपुर आए, वहाँ उन्होंने एक संस्कृत पाठशाला स्थापित की। इस पाठशाला में उनकी शिष्य मंडली रही होगी। इनमें से एक थे–ब्रज भाषा के उस समय के प्रसिद्ध कवि माथुर चतुर्वेदी कुलपति मिश्र। एक और शिष्य नारायण भट्ट का उल्लेख बीसवीं सदी के प्रख्यात संस्कृत साहित्यकार भट्ट मधुरानाथ शास्त्री की वंश परम्परा में मिलता है। अपने 'रसगंगाधर' की भूमिका में भट्टजी ने अपने कुलप्रबन्ध का यह श्लोक उद्धृत किया है–

लब्ध्वा विद्या निखिलाः पंडितराजाज्जगन्नाथात्।
नारायणस्तु दैवादल्पायुः स्वःपुरीमगमयत ॥

नारायण के भतीजे हरिहर भट्ट ने भी पंडितराज को अपना गुरु बताया है। अस्तु, अपने जीवन काल में पंडितराज जगन्नाथ एक किंवदन्तीपुरुष बन गए थे। उनके विषय में अनेकानेक अनुश्रुतियाँ प्रचलित हैं, उनमें एक यह भी है कि जयपुर में ही उनका एक काज़ी के साथ शास्त्रार्थ हुआ था। काज़ी उनकी प्रतिभा से इतना प्रभावित हुआ कि उसने दिल्ली में मुगल दरबार में पहुँचकर पंडितराज जगन्नाथ की प्रशंसा के पुल बाँधे। फिर बादशाह जहाँगीर ने उन्हें बुलावा भेजा।

पंडितराज जगन्नाथ जहाँगीर और शाहजहाँ इन दोनों बादशाहों के आश्रय में रहे। दाराशिकोह उन्हें बहुत मानते थे, पंडितराज जगन्नाथ का भी दारा पर बड़ा स्नेह था। दरबार में उन्हें प्रतिष्ठित कराने में नूरजहाँ के भाई और शाहजहाँ के ससुर आसफ़ ख़ान का बहुत हाथ था, जिनकी स्मृति में पंडितराज जगन्नाथ ने आसफखानविलास नाम से आख्यायिका आरम्भ की थी। यह आख्यायिका पूरी मिलती या रची जाती तो संस्कृत गद्य की एक अनूठी मिसाल होती। बहरहाल, जगन्नाथ ने मुगल दरबार में अपने पांडित्य और कविता दोनों का दबदबा कायम किया और पंडितराज की पदवी भी उन्हें इसी मुगल दरबार से शाहजहाँ के समय मिली। पर ऐसा भी नहीं था कि मुगल दरबार से बँधना जगन्नाथ की विवशता बन गया हो, दरबार में पूरी प्रतिष्ठा पाकर भी वे सुदूर असम गए, जहाँ राजा प्राणनारायण ने उन्हें सम्मानित किया था। 1657 में प्राणनारायण ने दिल्ली में उत्तराधिकार के लिए हो रहे खूनी संघर्ष के दौर में अपने को स्वतन्त्र घोषित कर

दिया था। कदाचित् पंडितराज जगन्नाथ इसी अवधि में उनकी सभा में पहुँचे हों।

पंडितराज जगन्नाथ के विषय में दो किंवदन्तियाँ और कही जाती हैं। एक उनके लवंगी नाम की मुस्लिम सुन्दरी से प्रेम और विवाह की है, दूसरी काशी पहुँचकर अपनी सुन्दर ललित भक्तिरचना 'गंगालहरी' का पाठ करते हुए गंगा की लहरों में देह को विसर्जित कर देने की। दोनों ही इतिहास और तर्क से प्रमाणित नहीं होतीं। पंडितराज के नाम से दो या तीन श्लोक संस्कृत जगत् में अक्सर मुँह जबानी कहे जाते हैं, जिनमें किसी मुगल बादशाह से सुस्तनी, मस्तकन्यस्तहस्ता कुरंगीसदृश नयनवाली लवंगी को प्रदान करने का अनुरोध है। पंडितराज ने अपने सभी फुटकर श्लोक अपनी अन्तिम रचना भामिनीविलास में संकलित कर दिए थे, ये श्लोक उसमें नहीं मिलते; न इनके पंडितराज के द्वारा रचे जाने का कोई प्रमाण ही मिलता है। बीसवीं शताब्दी के आरम्भ में संस्कृत के पंडितसमाज में जिन अनेक प्रसंगों और विषयों को लेकर दीर्घकालिक शास्त्रार्थ चलता रहा, उनमें से एक पंडितराज के यवनकन्या लवंगी से कथित संसर्ग की कथा की सत्यता और असत्यता को लेकर भी था। इस सदी के प्रखर संस्कृत के लेखकों में दो– 'संस्कृतचन्द्रिका' के सम्पादक अप्पा शास्त्री और 'संस्कृतरत्नाकर' के सम्पादक भट्ट मथुरानाथ शास्त्री यवनकन्या के संसर्ग से पंडितराज को बचाने के लिए तर्क और प्रमाणों के साथ मैदान में उतरे। दोनों का कहना था कि आन्ध्र के जिस तैलंग ब्राह्मण कुल में पंडितराज ने जन्म लिया, वहाँ सेवा के लिए मुगल दरबार में जाना ही पाप माना जाता था, एक बार समाज के लोगों की दृष्टि में जगन्नाथ जब इस कथित पाप के भागी समझ लिए गए, तो फिर यह स्वाभाविक ही था कि ईर्ष्यालु स्वभाव के लोग मुस्लिम कन्या के संसर्ग जैसे अन्य कथित पातकों का झूठा आरोप उन पर मढ़ें। भट्ट मथुरानाथ शास्त्री ने तो अपने 'रसगंगाधर' के हिन्दी और संस्कृत के संस्करणों की भूमिका में विस्तार से ब्राह्मण समाज की संकीर्णता और जाति को लेकर दुराग्रहों की चर्चा भी कर डाली है। दरअसल मथुरानाथ जी के भी पुरखे इसी तरह दक्षिण से चलकर राजस्थान आए थे। राजसभा में जगह बनाने के लिए पंडित समाज की लागडाँट, परस्पर द्वेष और उसके कारण व्यक्तिगत लाँछन लगाए जाने की बात उन्होंने यहाँ निराधार नहीं कही है। अस्तु, इस बहस में अन्तिम निर्णायक विवेचन डॉ. व्ही. राघवन ने किया। उन्होंने ऐतिहासिक खंडकाव्य 'चिमनीचरितम्' के आधार पर सिद्ध किया है कि पंडितराज के नाम से मिथ्या प्रचारित प्रणयसम्बन्ध वास्तव में अकबर के दरबार में दयाराम नाम के पंडित का अलीवर्दी खाँ की बेटी चिमनी से प्रणयसम्बन्ध है।

यह संस्कृत पंडितों की परम्परा का एक अन्तर्विरोध भी कहा जा सकता है

कि परम सुन्दरी मुस्लिम कन्या लवंगी से प्रेम और कथित विवाह के प्रसंग का पंडितराज जगन्नाथ के जीवनचरितावली से निरस्त किया जाना कइयों को सुहाया नहीं। उससे पंडितराज की एक दुस्साहसी मूर्तिभंजक रोमानी छवि उनके मानस में बनी हुई थी, वह टूटती थी। इसलिए इस प्रसंग को पंडितराज से जोड़कर आधुनिक काल में संस्कृत में नाटक लिखे गए, जिनकी चर्चा करने का यहाँ अवसर नहीं है।

सच्चाई यही लगती है कि मुगल दरबार में रहकर और उसकी सारी शान-शौकत का उपभोग करके भी पंडितराज मन से एक नैष्ठिक ब्राह्मण रहे। उनका यह रूप उनकी रचनाओं में खूब झलकता है, संरचना के स्तर पर वे दरबार की चकाचौंध को प्रतिबिम्बित करने लगते हैं, पर गहरे अर्थों में वे पारम्परिक बोध से जुड़े हुए हैं। यही स्थिति उनके शास्त्रकार की है।

जाग्रत कवित्वप्रतिभा और उद्‌भट आचार्यत्व का ऐसा मणिकांचनयोग बहुत कम मिलता है। यह कहना कठिन है पंडितराज जगन्नाथ एक शास्त्रकार और चिन्तक के रूप में अधिक महनीय हैं या एक कवि के रूप में। दोनों ही स्तरों पर उनका कृतित्व अनोखा ही है। उनका रसगंगाधर अधूरा होते हुए भी भारतीय काव्यशास्त्र का एक ऐसा महाद्वार प्रस्तुत करता है, जिस पर इसके पहले के तो सारे पन्थ आकर मिलते ही हैं, जिसे खोलकर आगे का पथ भी देखा जा सकता है।

सत्रहवीं शताब्दी के आचार्य का अपने से पहले की दो हजार वर्षों की काव्यचिन्तन और सौन्दर्यशास्त्र की परम्परा पर सवाल खड़े करने का साहस और अभिनवगुप्त और मम्मट आदि आचार्यों के आधिपत्य को तोड़ने की सामर्थ्य दोनों पंडितराज में देखी जा सकती है। आनन्दवर्धन और अभिनवगुप्त तक से असहमति प्रकट करने में पंडितराज को हिचकिचाहट नहीं है। अप्पय दीक्षित जैसे महान् दार्शनिक और मर्मज्ञ आचार्य से तो उनकी लाग-डाँट है ही।

रसगंगाधर में सबसे विस्तृत विवेचन अलंकारों का है, यद्यपि ग्रन्थ पूरा न होने से वह अपूर्ण छूट गया है।

अलंकारों का जितना विवेचन रसगंगाधर में मिलता है, उसमें एक अलंकार पंडितराज की अपनी परिकल्पना है–*तिरस्कार।* एक और अलंकार पंडितराज ने लिया है–*अवज्ञा।* पर अवज्ञा सर्वथा नया अलंकार नहीं है, पंडितराज के पहले उसकी परिकल्पना जयदेव बारहवीं शताब्दी में अपने 'चन्द्रालोक' में कर चुके थे।

अवज्ञा और *तिरस्कार* जैसे अलंकार कविता में सदा से प्रयोग में आते रहे हैं, पर आचार्यों ने उन्हें परिभाषित तब किया जब वे पूरी काव्यधारा में एक विशेष

प्रवृत्ति के रूप में परिलक्षित हुए। बारहवीं शताब्दी के साथ कविता में *अवज्ञा* का स्वर विशेष रूप में गूँजा होगा, और *तिरस्कार* को वाणी तो स्वयं पंडितराज ने ही अपनी कविता में उदग्र रूप से दी। शास्त्रार्थ की उठापटक से पाई स्वभाव की प्रचंडता पंडितराज में भरपूर थी। इसके साथ स्वाभिमान, अध्ययन और मनस्विता का योग था ही। मुगल दरबार हो या अपने लोगों का समाज अवज्ञा और तिरस्कार तो उन्हें मिला ही। उसका प्रत्युत्तर भी अवज्ञा और तिरस्कार के द्वारा उन्होंने दिया।

अवज्ञा और *तिरस्कार* एक-दूसरे के साथ चलनेवाले अलंकार हैं। *अवज्ञा* होने पर *तिरस्कार* हो सकता है, *तिरस्कार* हो, तो *अवज्ञा* साथ रह सकती है। जयदेव ने *अवज्ञा* के लक्षण में कहा था कि किसी वस्तु को गुण-दोष दोनों दृष्टि से अक्षम बताया जाए, तो *अवज्ञा* अलंकार होता है। पंडितराज ने *उल्लास* अलंकार का विपर्यय कहा। *उल्लास* में किसी के गुण और दोष का आधान किसी और में दिखाया जाता है, यह अनुगमन और सम्मान का भाव प्रकट करता है। *अवज्ञा* में स्वर नकार या अस्वीकार का रहता है। यह नकार दुर्गुण का, दुष्टता का और अन्याय का ही हो सकता है। इसीलिए *अवज्ञा* के उदाहरण में खलचरित का उद्घाटन और उसका अस्वीकार हम देखते हैं। पंडितराज ने तो खलों को लेकर लिखे अपने श्लोक *अवज्ञा* अलंकार के उदाहरण में दिए ही हैं। इनमें *अवज्ञा* के साथ उपहास और व्यंग्य का पुट देखा जा सकता है। अतः *अवज्ञा* यदि स्थायी भाव हो, तो उसमें विरोध, व्यंग्य और उपहास के भाव उसके सहगामी या पोषक बनकर सहचरण करते हैं। पर ये भाव *अवज्ञा* के आगे दबे रहते हैं। जैसे पंडितराज का यह उदाहरण *अवज्ञा* का है–

निष्णातो ऽपि च वेदान्ते साधुत्वं नैति दुर्जनः।
चिरं जलनिधौ मग्नो मैनाक इव मार्दवम् ॥

(रसगं. निर्णयसागर सं., पृ. 685)

वेदान्त में निष्णात होकर भी
सज्जन नहीं बन जाता है दुर्जन।
जैसे मुलायम नहीं हो जाता
चिरकाल तक सागर में डूबा रहकर भी
मैनाक पहाड़।

यह अपने समय के किन्हीं वेदान्तियों पर भी छींटाकशी हो सकती है।

खलों से मिले अनादर या परिहास से उबरने की प्रक्रिया भी इस *अवज्ञा* के निर्माण में शामिल हो जाती है। पंडितराज ने इसी का पल्लवन करते हुए फिर

अपना एक और उदाहरण इसीलिए दिया है–

मद्वाणि मा कुरु विषादमनादरेण
मात्सर्यमन्दमनसां सहसा खलानाम्।
काव्यारविन्दमकरन्दमधुव्रताना–
मास्येषु यास्यसि सतां विपुलं विलासम्॥

(पृष्ठ 686)

मेरी वाणी! मत कर विषाद
मात्सर्य से मन्द मन वाले खलों से पाये
अनादर को लेकर अचानक;
काव्यकमल के पराग के मधु का व्रत लेनेवाले
सहृदयों के मुख में तुझे करना है
विपुल विलास।

आततायियों, खलों से मिले उपहास, अवज्ञा या तिरस्कार का तथा इससे उपजे विषाद का वर्णन करने से *अवज्ञा* और *तिरस्कार* अलंकार कविता में नहीं बवते। ऐसी अनुचित अवज्ञा या तिरस्कार पर अवज्ञा और तिरस्कार की भावना रची जाए, तो *अवज्ञा* और *तिरस्कार* अलंकार रचे जाते हैं। इसलिए पंडितराज का दूसरा श्लोक जो बन्ध में बहुत बढ़िया है अवज्ञा का उदाहरण नहीं कहा जा सकता

विद्वांसो वसुधातले परवचःश्लाघासु वाचंयमाः
भूपालाः कमलाविलाससृणोन्मीलन्मदाघूर्णिताः।
आस्ये धास्यति कस्य लास्यमधुना धन्यस्य कामालस–
स्ववर्माधरमाधुरीमधरयन् वाचां विलासो मम?॥

विद्वज्जन इस वसुधातल पर
दूसरे के वचनों की प्रशंसा में बरतते हैं वाणी का संयम।
राजा लोग लक्ष्मी के विलास की सुकुमारता के मद में
तिरते उतराते रहते हैं
अब किस धन्य के मुख में लास्य करेगा
कामालस अप्सराओं के अधरों की माधुरी को
अधर में करता
मेरी वाणी का विलास?

यहाँ अपनी कविता के माधुर्य पर रीझे होने और उसकी कद्र न किए जाने का खेद प्रधान है। *विषादन* अलंकार की यहाँ स्थिति बनती है, पर *अवज्ञा* या *तिरस्कार* अलंकारों की नहीं।

दुर्जन एक भय और आतंक की सृष्टि करता है, क्योंकि वह अकारण वैर पालता है। राजा हर्ष ने अकारण ही बाण के लिए मन मैला बना लिया था। भरी राजसभा में जब राजा ने उन्हें लक्षित करके कहा कि यह तो बड़ा भुजंग या लंपट है, तो बाण ने भी तनकर दर्पभरा उत्तर दिया। इस उत्तर में राजा हर्ष के प्रति अवज्ञा और तिरस्कार परोक्ष रूप से प्रकट हैं, प्रत्यक्ष में बाण ने अपने लिए यही कहा है कि आपने मुझमें ऐसी क्या लंपटता देखी? यहाँ प्रकट में राजा के लिए विनय भी है, जिसके भीतर फटकार भरी हुई है। 'हर्षचरित' में बाण और हर्ष के संवाद का यह प्रसंग *अवज्ञा* अलंकार की दोहरी संरचना सामने रखता है। हर्ष की प्रकट अवज्ञा और बाण की उसके उत्तर में प्रच्छन्न अवज्ञा। इन दोनों के द्वन्द्व से एक दृष्टि भी कवि के स्वाभिमान की यहाँ रची गई है। 'कादम्बरी' जैसी सुकुमार ललित मधुर कथा का आरम्भ खलों की प्रशस्ति के साथ बाण ने किया।

कटु क्वणन्तो मलदायकाः खलाः
तुदन्त्यलं बन्धनशृंखला इव।
मनस्तु साधुध्वनिभिः पदे पदे
हरन्ति सन्तो मणिनूपुरा इव॥

बाँधती जंजीरों की तरह
कटु खन खन करने वाले
दुख देते हैं मलदायक खल।
मणिजड़े नूपुरों से
सुन्दर ध्वनि करते पग पग पर
हर लेते हैं मन
सज्जन।

साथ ही खलों के लिए यह फटकार और अवज्ञा सीधे प्रकट होती है–

अकारणाविष्कृतवैरदारुणादसज्जनात् कस्य भयं न जायते।
विषं महाहेरिव यस्य दुर्वचः सुदुस्सहं सन्निहितं सदा मुखे॥

(कादम्बरी, कथामुख-5)

अकारण आविष्कृत कर देता है जो
वैर दारुण
उस असज्जन से
किसको नहीं होता भय?
जिसके मुख में दुर्वचन

सदा भरा रहता है
जैसे बड़े साँप के भीतर विष।

अलंकारकोष में ब्रह्ममित्र अवस्थी ने *तिरस्कृति* नाम के अलंकार का उद्भावक अलंकारमणिहार के रचयिता श्रीकृष्णब्रह्मतन्त्र परकाल स्वामी को बताया है, जो पंडितराज के काफी बाद में हुए। वास्तव में श्रीकृष्ण ब्रह्मतन्त्र परकाल स्वामी ने *तिरस्कृति* अलंकार का प्रतिपादन ही पंडितराज के आधार पर किया है। पंडितराज के पहले की आचार्य परम्परा में *तिरस्कार* एकदम अछूता अलंकार है, और इसकी उद्भावना पंडितराज ही कर सके थे, क्योंकि उन्होंने तिरस्कार झेला, और तिरस्कार की बहुत तीखी उद्दीप्त अभिव्यक्ति अपनी कविता में भी दी। तैलंग ब्राह्मणों के प्रतिष्ठित कुल में जन्म लेकर भी अपना घर-बार छोड़कर यायावरी जो पकड़ी तो तिरस्कार पाया। अपने समाज के लोगों से ब्राह्मण वर्ग से तिरस्कार बहुत मिला। पर यह जो तिरस्कार मिला वह रचनात्मक तिरस्कार नहीं था। इसे पचाकर कविता में जिस तिरस्कार भाव को व्यक्त किया वह रचनात्मक तिरस्कार है, वह कविता में अलंकार बनता है।

पंडितराज ने *तिरस्कार* का लक्षण किया है—दोषविशेषानुबन्धवाद् गुणत्वेन प्रसिद्धस्यापि द्वेषस्तिरस्कारः।

कविता में द्वेष का भाव आए, वह न तो किसी दबे-कुचले के लिए आए, न किसी ऐरे-गैरे के लिए। आए भी समर्थ व्यक्ति के लिए आए, जो गुणों के कारण प्रसिद्ध हो, जिसकी कीर्ति गाई जा रही हो। भले ही उसकी जय-जयकार की जा रही हो या कराई जा रही हो, पर कवि तो जानता है कि उसमें दोषविशेष का अनुबन्ध कहाँ है—क्या है। *तिरस्कार* का जो उदाहरण पंडितराज ने दिया है उसमें संसार के वैभव का कवि तिरस्कार करता है। लक्ष्मी में सारे गुण होने पर भी वह तिरस्करणीय है।

पंडितजन *तिरस्कार* अलंकार को स्वीकार नहीं करेंगे—यह पंडितराज जानते थे। वे अपने तिरस्कारनिरूपण में विरोधियों की ओर से पूर्वपक्ष उठाते हुए कहते हैं कि तिरस्कार तो द्वेषमात्र है। क्या कविता द्वेष की अभिव्यक्ति के लिए है? इसके उत्तर में यही कहा जा सकता है कि कोई वस्तु परिणाम में दुःखद हो, तो उसके प्रति द्वेष होगा। जो पंडितराज कविता में एक ओर तो लोकोत्तर आह्लाद की बात करते हैं, वे जानते हैं कि इस लोकोत्तर आह्लाद का पथ लौकिकता के सारे कलुष मलीमस से गुजरकर ही खुलता है। उन्हीं की यह अन्योक्ति है—

पुरा सरसि मानसे विकचसारसालिस्खलत्
परागसुरभीकृते पयसि यस्य यातं वयः।

स त्वं पल्वलजलेऽधुना मिलदनेकभेकाकुले
मरालकुलनायकः कथय रे कथं वर्तताम्॥

पहले कभी मानसरोवर में थे तुम
जहाँ खिले पराग के बीच लड़खड़ाते रहते सरस और भौंरे
और सुवासित होता था उससे जल
उस जल में उम्र बिताकर
है मराल कुल नायक, कैसे रह रहे हो इस गन्दे पोखर में
मिल कर टर्र टर्र कर रहे
कई मेढकों से जो आकुल है?

यहाँ मरालकुलनायक या हंस के लिए भी तिरस्कार है और मेढकों से भरे गन्दे पोखर के लिए भी। पर *तिरस्कार* अलंकार यहाँ अस्फुट है, स्फुट तो अन्यापदेश या अन्योक्ति अलंकार ही है। हंस प्रतिभाशाली विद्वान् और निर्मल अन्तःकरण वाले सज्जन का प्रतीक है। ऐसा व्यक्ति किसी छोटे से प्रलोभन में पड़कर नीच लोगों की सभा में क्या कर रहा है—यह तिरस्कार से भरा संकेत पंडितराज या तो स्वयं अपने लिए कर रहे हैं, या अपने समय के किसी पंडित के लिए।

अन्योक्ति अलंकार में अक्सर तिरस्कार या फटकार अन्तर्गुंफित रहती है। अतएव अन्योक्ति के साथ कहीं तो ऐसे स्थलों पर तिरस्कार अंग बनकर आता है, कहीं व्यंग्य या व्यंजना से प्रकट होकर वह प्रधान भी हो उठता है। बिहारी द्वारा अपने विलासी आश्रयदाता को भेजे दोहे में यह स्थिति है—

नहिं पराग नहिं मधुर मधु नहिं विकास यह काल।
अली कली सों ही बिंध्यौ आगे कौन हवाल॥

यहाँ कवि की विवक्षा राजा को फटकार लगाने की ही है। अली और कली के विलास का वर्णन तदपेक्षया गौण है। अतएव व्यंजना में रहकर भी यहाँ तिरस्कार अलंकार ही प्रधान है।

अतएव एक तिरस्कार रचनात्मक और सावधान करनेवाला हो सकता है, एक तिरस्कार विकृति पर चोट करनेवाला हो सकता है। पंडितराज ने दोनों ही तरह का तिरस्कार झेला होगा। उनकी *तिरस्कार* अलंकार की कल्पना इन दोनों को समेटती भी है। कोई गुरु अपने छात्र को तिरस्कार के साथ डपटता है, यह छात्र के लिए कल्याणकर हो सकता है। पंडितराज ने ही अन्य पद्य में कहा है—

गीर्भिर्गुरूणां परुषाक्षराभि—
स्तिरस्कृता यान्ति नरा महत्त्वम्।

कालागुरुर्दहनमध्यगतः समन्तात
ल्लोकोत्तरं परिमलं प्रकटीकरोति।

गुरुओं की कठोर अक्षरों से भरी वाणी से
पाकर तिरस्कार
महिमा को पा जाते हैं नर
अगरु आग से घिरा हुआ होकर ही
प्रकट करता है
अलौकिक सुगन्ध।

यहाँ तिरस्कार की महत्ता का बखान दृष्टान्त के द्वारा किया गया है, पर इसे *तिरस्कार* अलंकार का उदाहरण नहीं कहा जा सकता। दृष्टान्त के साथ अस्फुट रूप से इसमें उल्लास अलंकार कहा जा सकता है, जो *अवज्ञा* और *तिरस्कार* का ठीक विपरीत अलंकार है। किसी के गुणों के स्वीकार से *उल्लास* अलंकार होता है। यहाँ तिरस्कार की गुणवत्ता का अंगीकार है।

भर्तृहरि की कविता राजाओं को चुनौती के साथ गहरे और तल्ख तिरस्कार का अनुभव देती ही है। तिरस्कार के साथ पाखंड और झूठ पर फटकार लगानेवाले कबीर पंडितराज के पहले हो ही चुके थे। पंडितराज ने अरबी फारसी सीखी थी, ब्रज भाषा के कवियों के सम्पर्क में वे थे। सन्त कवियों की बेलाग वाणी उन तक न पहुँची हो, यह भी संभव नहीं लगता। इन कवियों की निःस्पृहता, सत्ता की अवज्ञा और दम्भ के तिरस्कार को लेकर कविता का शास्त्र गढ़ने का उपक्रम पंडितराज ने किया।

यह तिरस्कार अलंकार परमहंसों ओर औघड़ों की वाणी में आता है, कबीर जैसे कवियों की कविता में स्थान पाता है। यह नकार की प्रक्रिया से आता है। बौद्धों के माध्यमिक दर्शन में शून्यवाद की आधारभूमि यही है। कवि इसमें संसार को, संसार की असारता को और उसके खोखलेपन को निरस्त करता है, वैभव के भीतर छिपे ह्रास को पहचानकर उसे ठुकराता है।

अवज्ञा और *तिरस्कार* मिलते-जुलते अलंकार हैं। इसलिए यह स्वाभाविक है कि वे कविता में साथ-साथ रहें। यह सहचरण अंगागिभाव से हो सकती है, परस्पर उपमर्द्योपमर्दकभाव से हो सकता है और नीरक्षीरवत् संसृष्ट भी हो सकता है। तिरस्कार और अवज्ञा प्रायः सन्तों की वाणी में दो नदियों की धाराओं की तरह मिलकर निर्वेद का महाप्रवाह रच देते हैं। भर्तृहरि की उक्तियों में–

त्वं राजा वयमप्युपासितगुरुप्रज्ञाभिमानोन्नताः
ख्यातस्त्वं विभवैर्यशांसि कवयो दिक्षु प्रतन्वन्ति नः।

इत्थं मानद नातिदूरमुभयोरप्यावयोरन्तरं
यद्यस्मासु पराङ्मखोऽसि वयमप्येकान्ततो निःस्पृहाः ॥
तुम राजा हो तो हम भी
गुरु की उपासना कर उनकी प्रज्ञा के
अभिमान से हैं उन्नत
नाम तुम्हारा होगा अपने वैभव के कारण
कीर्ति हमारी तो दिशा दिशा में फैलाते हैं कविजन
हे मानी, बहुत बड़ा नहीं है हम दोनों में यों तो अन्तर
फिर भी यदि तुम मुँह फेरे हो हम से
तो हम को भी तुम से क्या लेना देना!

कभी-कभी सत्ता के आगे मनस्वी भी मस्तक झुका लेता है। पर तुरन्त वह चेत जाता है। स्वाभिमान का जागरण ठकुरसुहाती के भाव को हटाकर फिर अवज्ञा और तिरस्कार की पीठिका पर उसे ले आता है। सन्त पलटूदास की तरह 'सन्तन कों कहाँ सीकरी सों काम'–का भाव मन में आता है। इसमें अपने समझौता कर लेने पर मनुष्य के रूप में झुक जाने पर ग्लानि भी मिली होती है। तब *तिरस्कार* अलंकार के साथ ग्लानि का भाव पोषक बनकर आता है। अभिनवगुप्त द्वारा उद्धृत एक सुभाषित में यह भाव है–

वृथा दुग्धोऽनड्वान् स्तनभरनता गौरिति परं
परिष्वक्तः षण्डो युवतिरिति लावण्यरहितः।
कृता वैदूर्याशा विकचकिरणे काचशकले
मया मूढेन त्वां कृषणमगुणज्ञं प्रणमता ॥
थनों के भार से झुकी दुधारू
गाय मानकर
व्यर्थ साँड दुहा मैंने
कोई नवयौजना समझकर
बाँहों में बाँधा हिजड़ा मैंने
चमकीले काच शकल पर
आस लगाई मैंने मणि की
मूढ था मैं
जो करता रहा प्रणाम
कृपण और अगुणज्ञ तुझे।

तिरस्कार के निबन्धन की रोचक शैलियाँ हमारी काव्य-परम्परा नें उभरती हैं।

एक साथ दोहरा-तिहरा तिरस्कार व्यक्त हो सकता है। सत्ता का तिरस्कार व सत्ता का मुख जोहनेवालों का तिरस्कार। एक में अस्वीकृति होती है, दूसरे में फटकार का भाव। जैसे यहाँ–

किं कन्दराः कन्दरेभ्यः प्रलयमुपगता निर्झरा वा गिरिभ्यः
प्रध्वस्ता वा तरुभ्यः सकलफलभृतो वल्कलिन्यश्च शाखाः।
वीक्ष्यन्ते यन्मुखानि प्रसभमुपगतप्रश्रयाणां खलानां
दुःखोपात्ताल्पवित्तस्मयवशपवनानर्तितभ्रूलतानि॥

क्या लुप्त हो गए हैं कन्दराओं के कन्द
या पहाड़ों के सूख गए हैं झरने?
क्या पूरी तरह तहस-नहस हो चुके
सरस फल वाले पेड़?
और वल्कल वाली शखाएँ उनकी?
जो मुँह ताके जा रहे हैं–
विनय का लबादा ओढ़े रहनेवाले उन दुष्टों के
कठिनाई से पाये थोड़े से धन के घमंड में
हवा में थिरकती भौंहों वाले चेहरे?

एक तो सीधे-सीधे कवि अपनी बात कहकर जिसके प्रति अवज्ञा और तिरस्कार प्रकट करना हो उसे सम्बोधित करता है। भर्तृहरि और कबीर की वाणी में यह देखा जा सकता है। अवज्ञा और तिरस्कार कविता में तभी सच्चे अलंकार बनते हैं, जब उनके पीछे बिना लाग-लपेट के सच कहने का साहस और सधुक्कड़ी निःस्पृहता हो। त्रिलोचन के काव्य में इस तरह की अवज्ञा और तिरस्कारवृत्ति जगह-जगह आती है। वे कविनिबद्ध पात्र के द्वारा प्रकारान्तर से सत्य का उद्घाटन कराते हैं।

हल्दी लगे न फिटकरी कहाँ हो सकता है
अमुम अमुक कवि ने जमकर जलपान कराया
आलोचक दल कीर्तिमान में कब थकता है
दूध दुहेगा, जिसने अच्छी तरह चराया

आलोचक है नया पुरोहित उसे खिलाओ
सकल कवियशःप्रार्थी देकर मिलो मिलाओ॥
या–
टर्र टर्र कर काशी कूपनिवासी बोला

नया क्या हुआ है, कुछ भी तो नहीं हुआ है
कौन साधना है यह, धोखा और जुआ है
खोला है जब मुँह तथ्योद्‌घाटनार्थ ही खोला
है हमने तो, छोड़ नहीं सकते परम्परा,
का आंचल हम, रेल, विमान, तार, ऐटम बम
विश्वासों को किसी भी तरह से कुछ भी कम
नहीं कर सकेंगे, साक्षी सम्पूर्ण है धरा॥

यद्यपि *अवज्ञा* और *तिरस्कार* दोनों ऐसे अलंकार हैं, जिनकी बानगी अभिधा में ही प्रभावित करती है। पर ये व्यंजना होकर भी गहरे आशय खोलते हैं। कभी दो की तुलना करते हुए एक का तिरस्कार व्यंजित हो जाता है। उदाहरण के लिए–

वे हुलसित हैं
अपनी ही फसलों में डूब गए हैं
तुम हुलसित हो
चितकबरी चाँदनियों में खोए हो
उनके दुख है
नए आम की मंजरियों को पाला मार गया है
तुम को दुख है
काव्य संकलन दीमक चाट गए हैं

–(नागार्जुन)

इसी व्यंजना की पद्धति में ही कभी प्रतीक के माध्यम से तिरस्कार प्रकट होता है।

जली ठूँठ पर बैठकर गई कोकिला कूक
बाल न बाँका कर सकी शासन की बन्दूक॥

व्यंग्य की रचना इस तिरस्कार के गहरे अनुभव से होती है। परसाई की रचनाओं में यही भिदा हुआ है। शास्त्र, मन्त्र, पुरोहितों, वर्चस्वी जनों की वाणी यहाँ पैरोडी के रूप में ढलकर आती है, तो *तिरस्कार* का हिस्सा बनती है।

ओम् इदमन्नं, इमा आपः, इदमाज्यम् इयं हविः
ओम् यजमानः, ओम् पुरोहितः, ओम् राजा, ओम् कविः
ओम् क्रान्तिः सर्वग्वं क्रान्तिः
ओम् शान्तिः शान्तिः शान्तिः सर्वग्वं शान्तिः
ओम् भ्रान्तिः भ्रान्तिः भ्रान्तिः सर्वग्वं भ्रान्तिः

–(नागार्जुन)

यहाँ तिरस्कार स्फुट नहीं है। अस्फुट रूप से तिरस्कार अलंकार की स्थिति पेरोडी और विडम्बना की कविता में मानी जा सकती है। पर अस्फुट होकर भी वह अन्तर्निहित रूप से काव्य की संरचना में मौजूद है।

तिरस्कार की संरचना कविता में कई स्तरों पर हो सकती है। जब वाच्य और व्यंग्य दोनों में तिरस्कार हो तो यह दोहरा तिरस्कार है। इससे बहुस्तरीय जटिल संरचना निर्मित होती है। निराला की 'कुकुरमुत्ता' कविता में कुकुरमुत्ते के कथन गुलाब के लिए तिरस्कार से भरे हुए हैं।

अबे सुन बे गुलाब
भूल मत जो पाई खुशबू रंगो आब
खून चूसा खाद का तूने अशिष्ट
डाल पर इतरा रहा है कैपिटलिस्ट

कली जो अभी चटकी सूख कर काँटा हुई होती
घडों पड़ता रहा पानी
तू हरामी
खानदानी।

तिरस्कार का दोहरा स्तर यहाँ देखा जा सकता है। यह दोहरा स्तर कविनिबद्धपात्रोक्ति के कारण आता है। कवि सीधे-सीधे बात नहीं कह रहा, स्वकल्पित पात्र से कुछ कहलवा रहा है। इस पात्र की दृष्टि सर्वांश में कवि की दृष्टि हो यह आवश्यक नहीं। अतः पात्र के माध्यम से कवि ही बोल रहा है, यह नहीं कहा जा सकता। पात्र से कुछ कहलवाने के पीछे कवि की अपनी दृष्टि हो सकती है। गुलाब के माध्यम से पूँजीपतियों के लिए तिरस्कार तो कुकुरमुत्ते की उक्तियों में सीधे प्रकट हुआ ही है, पर कुकुरमुत्ता स्वयं जिस तरह से बोलता है, उसमें पूँजीवादी व्यवस्था के प्रति खोखली चिढ़ है, सार्थक विरोध की भूमिका नहीं। क्या निराला यहाँ कुकुरमुत्ते के खोखलेपन के प्रति अपना तिरस्कार भी प्रकट कर रहे हैं?

पात्र की उक्ति में तिरस्कार कवि की दृष्टि के तिरस्कार से ठीक उलट हो सकता है। हरिऔध की कविता में यह उलटफेर एकदम स्पष्ट है–

लुट गई मरजाद पत, पानी गया
पीढ़ियों की पालसी चौपट गई।
चोट खा वह ठाठ चकनाचूर हो
चाट से जिसकी कि चोटी कट गई

लग गई योरोपियन रंगत भली
क्यों बने हिन्दी गधे भूका तरें
साहबियत में रहेंगे मस्त हम
थूकते हैं लोग तो थूका करें।

योरोपियन साहबियत में रँगे भारतीयों की औपनिवेशिक दासता से कवि की चिढ़ साफ है। अभिधा में साहबियत में रँगे पाखंडी के द्वारा अपनी धरती की संस्कृति का तिरस्कार है, और कवि व्यंजना में उसके लहजे, भाषा और मनोवृत्ति सब रूढ़ मान्यताओं पर सवाल खड़े कर देता है। पन्त ताजमहल को लेकर कहते हैं–

आह मृत्यु का ऐसा अमर अपार्थिव पूजन?
जब विषण्ण निर्जीव पड़ा हो जग का जीवन।
संग-सौध में हो शृंगार मरण का शोभन
नग्न क्षुधातुर वासविहीन रहें जीवित जन।
मानव ऐसी भी विरक्ति क्या जीवन के प्रति?
आत्मा का अपमान, प्रेत ओ' छाया से रति?
...
शव को दें हम रूप रंग आदर मानव का
मानव को हम कुत्सित चित्र बना दें शव का?

यह फटकार मानव के लिए है। यहाँ ताजमहल को तोड़कर गिरा देने का कहीं कोई आह्वान नहीं है। यहाँ एक स्वस्थ मनोवृत्ति का नया ताजमहल रचने की आकांक्षा है। कविता में *अवज्ञा* और *तिरस्कार* अलंकार के रूप में जब आते हैं, तो यह आकांक्षा अन्तर्निहित रहती है।

●●●